本书出版先后受到浙江省哲学社会科学规划课题后期资助项目（13HQZZ003）、教育部人文社会科学研究青年项目（13YJC630103）、国家自然科学基金项目（71301149）、浙江省自然科学基金青年基金项目（LQ13G010006）和杭州电子科技大学浙江省高校人文社科重点研究基地（ZD03-2013ZB1）资助

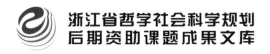浙江省哲学社会科学规划
后期资助课题成果文库

复杂产品供应链
质量管理理论及应用

Fuza Chanpin Gongyinglian
Zhiliang Guanli Lilun Ji Yingyong

刘远 著

中国社会科学出版社

图书在版编目(CIP)数据

复杂产品供应链质量管理理论及应用／刘远著．—北京：中国社会
科学出版社，2015.8
ISBN 978－7－5161－6773－1

Ⅰ.①复…　Ⅱ.①刘…　Ⅲ.①供应链管理－质量管理－研究
Ⅳ.①F252

中国版本图书馆 CIP 数据核字(2015)第 182368 号

出 版 人	赵剑英
责任编辑	宫京蕾
特约编辑	大　乔
责任校对	朱妍洁
责任印制	何　艳

出　　版	中国社会科学出版社
社　　址	北京鼓楼西大街甲 158 号
邮　　编	100720
网　　址	http：//www.csspw.cn
发 行 部	010－84083685
门 市 部	010－84029450
经　　销	新华书店及其他书店

印刷装订	北京市兴怀印刷厂
版　　次	2015 年 8 月第 1 版
印　　次	2015 年 8 月第 1 次印刷

开　　本	710×1000　1/16
印　　张	10.5
插　　页	2
字　　数	142 千字
定　　价	42.00 元

前　　言

　　复杂产品（Complex product）是指一类产品结构复杂、附加值高、工程技术含量高、零部件集成度高的大型产品或系统，例如飞机、大型船舶、卫星、运载火箭，等等。由于产品结构复杂、生产技术复杂、制造活动复杂和管理流程复杂，复杂产品主要是由多企业构成的战略合作联盟进行供应链协同生产和制造。因此，复杂产品的质量主要取决于其供应链的质量管理整体水平，复杂产品间的质量竞争正是其供应链整体质量的竞争。作为生产组织者和系统集成者，主制造商必须严格监控其下属供应商的质量管理活动及其产品的质量水平，以期在激烈的市场竞争中获得质量优势进而占据市场领先地位。

　　作为现代高科技工业的典型代表，复杂产品的产品附加值极高，是一个国家或地区核心竞争力的具体体现。复杂产品研制过程中质量影响因素多、不确定性强、关键风险点多，加之复杂产品研制项目的资源消耗量巨大、社会影响大，复杂产品的研制质量备受关注。而复杂产品出现的质量问题将可能导致国家、地区形象严重受损，产品的品牌价值大幅度缩水。

　　在国防领域，国家之间的竞争已不仅仅体现在军事实力的较量，而且更多地反映在高科技和高附加值产品之间的竞争层面；在经济领域，复杂产品的质量水平正是高端制造企业迈向和占据全球市场的敲门砖和通行证。而持续不断的质量改进更是复杂产品生产过程不懈追求的长期目标。由于复杂产品附加值较高，客户关注度极大，任何质量问题均可能给生产企业带来毁灭性打击。复杂产品整体质量标准正逐步向零不合格品逼近，这对复杂产品的质量控制体系和相关方法提出了更高的要求。

本书根据复杂产品生产体系实际，在较为全面地把握复杂产品供应链质量管理国内外研究现状及其不足的基础上，依照"供应链质量合约设计—合同谈判过程质量冲突分析及解决方案设计—关键质量源探测—供应链质量控制措施优选决策—关键质量特性评价与优化"的研究主线，以独特的研究视角对复杂产品供应链质量管理活动中的若干关键问题展开一系列相关研究。本书相关研究成果可辅助复杂产品主制造商有针对性地开展供应链质量管理工作，组织并构建高水平质量链，激励供应商质量保障行为，控制供应链中的质量损失，进而有效地规避质量合作风险，实现最大限度地提升复杂产品供应链整体质量水平的目的。

本书由浙江师范大学经济与管理学院的副教授刘远博士撰写，他为本书的编写设计了总体思路并撰写了后续章节。在本书的策划与编写过程中，作者一方面总结了多年科研实践的经验，另一方面广泛吸收了近年来出版的相关教材、高水平科研论文中许多有益的内容。感谢文中所引用文献的各位著、编、译者，您的研究成果是本书能够完成的基础。

本书的出版先后得到了浙江省哲学社会科学规划课题后期资助项目（13HQZZ003）、教育部人文社会科学研究青年项目（13YJC630103）、国家自然科学基金项目（71301149）、浙江省自然科学基金青年基金项目（LQ13G010006）、杭州电子科技大学浙江省高校人文社科重点研究基地（ZD03-2013ZB1）的资助，属于浙江师范大学经济与管理学院工商管理专业建设的重点工作。在本书的撰写过程中，许多领导、专家和本领域的研究同仁对作者的工作给予了鼎力支持，中国社会科学出版社的领导和编辑更是通力合作。在此，作者表示衷心的感谢。

　　由于作者水平有限，书中存在不当之处在所难免，殷切希望有关专家、广大读者和同行批评指正。

作者

2014 年 12 月

目　　录

第一章

"主制造商—供应商"模式下复杂产品供应链质量管理问题

第一节 研究背景

复杂产品（Complex product）是指一类产品结构复杂、价格昂贵、工程技术含量高、零部件集成度高的大型产品或系统，例如飞机、大型船舶、卫星、运载火箭等。复杂产品通过对种类众多的子系统、部件和零件进行高度集成，无论从工程技术还是管理视角看而言，其生产制造过程都具备了极高的复杂度和难操纵性。需要说明的是，由于客户的个性化和专业化需求，复杂产品通常属于单件或小批量定制生产，这与大规模生产系统有着本质差异。

由于产品结构复杂、生产技术复杂、制造活动复杂、管理流程复杂等特征，复杂产品的生产过程主要是通过多企业构成的战略合作联盟协同生产，主要表现为"主制造商—供应商"生产模式（Main Manufacturer-Suppliers，M-S）。在 M-S 生产体系中，主制造商扮演生产组织者和系统集成者的角色，主要负责构建高效的供应链、产品的总体设计和为供应商制定质量要求。主制造商要求其供应商必须生产并提供符合其质量要求的高品质零部件。否则，主制造商可拒绝接受该批产品并根据合同中的质量条款对供应商进行惩罚。搜集齐所有符合质量要求的零部件之后，主制造商将对供应链中采购到的外购产品进行组装和总装，并将最终的复杂产品交付给客户使用。

根据质量工程学可知，下游企业的产品质量并不仅仅取决于其生产过程中的制造或组装能力，同样受限于其上游供应商提供的零部件的质量水平。因此，复杂产品的整体质量不仅依赖于主制造商的总装能力，同样极大地取决于供应商提供产品（外购系统、零件、部件、组件等）的质量水平。复杂产品的质量竞争已经从主制造商之间的质量竞争拓展到其供应链之间的质量竞赛。换言之，复杂产品的质量竞争力取决于主制造商的供应链整体质量管理水平，复杂产品间的质量竞争正是其供应链整体质量的竞争。主制造商必须严格监控其供应链的整体质量水平，以期望在激烈的市场竞争中获得一定的质量优势和市场领先地位。因此，复杂产品供应链质量可以理解为主制造商对供应链中厂商提供产品的质量满意程度，复杂产品供应链质量管理工作实际上是主制造商针对供应商产品开展的一系列质量管理活动。

复杂产品供应链质量管理体系可以看作一类由系统构成的系统（System of systems，SoS）。随着客户质量需求的逐步多样化，复杂产品供应链的规模也日益庞大。复杂产品供应链网络中存在着成百上千的供应商，他们自主地选择经营策略，可以视为一个个独立的经济个体或生产系统。因此，复杂产品供应链由许多独立分布的企业构成，可以视为一类由众多系统组成的系统（SoS）。因此，复杂产品供应链质量极大地依赖于各个企业的质量保障活动。现如今，尽管仍有一些问题需要解决，但 SoS 理念已深入人心，并且成功地应用于不同领域以解决一些具有挑战性的问题。根据上面分析可知，SoS 理念和框架对于解决复杂产品供应链中的质量问题有着重要的参考价值，可以督促独立运营的异构供应商实现一个较高的质量水平。

以空客 A380 客机的供应链为例（如图 1.1、图 1.2 所示），该机型供应链中存在主制造商（Airbus S. A. S.）和 506 家全球供应商。该型号商用飞机的整体质量极大地依赖于这些供应商提供产品的质量水平。如果空中客车公司希望在与波音、庞巴迪等同行的市场竞争中取得质量优势，就必须严格监控和管理其外购产品质量，以提升供应链整体质量水平。因此，基于主制造商视角研究复杂产品供应链质量管理是质量管理理论研究和实际管理工作中十分重要的问题。

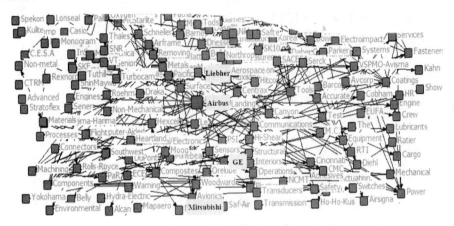

图 1.1　空客 A380 机型部分供应商网络示意图

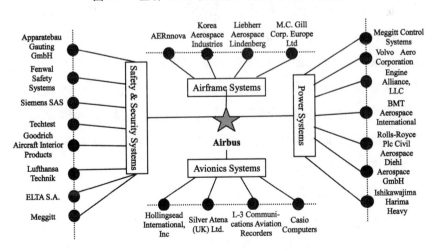

图 1.2　空客 A380 部分外购系统示意图

资料来源：www. airframer. com/aircraft_ detail. html？model＝A380。

现如今，随着科学技术的高速发展，复杂产品的种类和数量日益增多，其质量问题的关注度与日俱增，主要体现在以下四个方面：

（1）随着科学技术的不断进步，复杂产品种类和数目日益增多

复杂产品包括大型通信系统、航空航天系统、大型船只、电力网络控制系统等大型产品或系统，这些产品是现代高科技工业的具体体现，直接影响到一个国家的综合国力和核心竞争力。复杂产品的根本特征就是其内部的系统或产品具有大量的系统耦合、复杂的结构、数万乃至更多零部件数量，外加客户需求的独特性和多变性，这些都最终造成复杂产品研制过程和质量保障活动具备较大的不确定性。近年来，随着科学水平的不断进步，产品的技术含量和集成度越来越高，更多种类的复杂产品开始大量涌现。

（2）复杂产品质量系统的规模日益庞大，已发展为一个复杂的供应商质量网络系统

复杂产品的质量系统已经从最早以平面式质量环所代表的简单质量过程发展成为立体多层级网络型的质量保障体系。新经济条件下，复杂产品的生产过程正是其内部子系统、部件、零件和组件的集成过程。现阶段，一个完整的现代质量系统是由许多相互关联的质量组织所构成，其中每一个组织和企业在复杂供应链的质量关系中均发挥着重要的质量职能。复杂产品质量系统的成功运作不仅取决于主制造商总装或组装能力的高低，而且还要依赖于整个质量网络系统中合作伙伴的质量管理水平。因此，复杂产品质量网络系统内部已经出现很多传统方法所不能解释和解决的问题，这些问题亟待开展深入研究。

（3）随着全球化外包生产的发展与深入，复杂产品的质量竞争正是其供应链间的质量竞争

由于具有产品结构复杂、生产技术先进、制造过程复杂、管理活动众多等特征，复杂产品主要采用"主制造商—供应商"生产模式。因此，复杂产品的质量竞争力取决于其供应链的整体质量水平，复杂产品间的质量竞争正是其供应链整体质量的竞争。因此，复杂产品主制造商为了维护其市场份额，在激烈的市场竞争中占据领先地

位,就必须严格监控其供应链质量水平,以确保最终产品具备较高的质量竞争力。

(4)复杂产品价值较高,质量要求向零不合格品逼近

一般而言,复杂产品高科技含量大且产品附加值高,是一个国家或地区核心竞争力的具体体现。因此,复杂产品的质量问题都会导致国家形象及其自身价值大幅度缩水。如今国家之间的竞争已不仅仅体现在军事实力的较量,更多地反映在了高科技和高附加值产品之间的竞争层面。复杂产品的质量正是企业迈向和占据全球市场的敲门砖和通行证。而持续不断的质量改进更是复杂产品生产过程不懈追求的长期目标。由于复杂产品附加值较高,客户关注度极大,任何质量问题均可能给生产企业带来毁灭性打击。复杂产品整体质量要求正逐步向零不合格品逼近,这也对复杂产品的质量控制体系和相关方法提出了更高的要求。

第二节　研究目的及意义

基于上述考虑,本书以复杂产品主制造商的视角,分析和探索以其为核心的复杂产品供应链质量管理的若干关键问题和方法,丰富并完善复杂产品供应链质量管理理论体系,并为我国复杂产品供应链质量管理实际工作提供宝贵的理论参考和借鉴。

鉴于上述研究背景和目的,本书的研究意义主要集中在以下五个方面:

(1)探索复杂产品供应链质量管理新理论,有利于质量管理理论的拓展和提升。

(2)研究复杂产品供应链质量管理新问题,有利于以供应链的新视角重新认识质量管理中的经典问题。

(3)创建复杂产品供应链质量管理新方法,有利于高效解决高纬度复杂问题。

（4）探寻复杂产品供应链质量管理的新机制，有利于重新刻画经济主体之间的功能和地位。

（5）设计复杂产品供应链质量管理新工具，有利于指导复杂产品制造企业更高效开展供应链质量管理实际工作。

第三节　相关理论分析与评述

一　国外研究现状

国外在复杂产品和供应链质量等领域的理论研究要早于我国，上述领域分别涌现出一大批有着国际影响力的知名学者。国外学者的研究不仅涵盖复杂产品特征、内涵和日常管理等领域，还深入探索供应链质量管理中的关键问题，成果颇丰。主要研究领域及相关观点主要集中于以下五个方面。

（1）复杂产品概念及特征分析

复杂产品系统较为全面、系统的概念最早由英国萨塞克斯（Sussex）大学和布莱顿（Brighton）大学合作的复杂产品创新中心于20世纪中期提出，并将其与传统大规模生产模式下的产品区分对待，开展专门、深入的研究。英国萨塞克斯大学教授兼该中心主任霍布迪（Hobday）认为，复杂产品指一类高附加值、高成本、科技含量高、客户定制化的产品和系统，与低成本、基于大量标准件的大规模产品有着本质区别。此外，汉森（Hansen）和拉什（Rush）将复杂产品定义为研发成本高、产品规模大、技术含量高、单件或小批量生产的大型产品、系统或基础设施。普伦西比（Prencipe）认为复杂产品系统是根据特定客户的个性化要求所提供的高成本、高工程含量、内部联系复杂、定制化程度较高的生产产品、资料和系统。

（2）复杂产品模块化设计问题研究

由于复杂产品所需零部件种类众多，主制造商不可能单独完成其内部所有产品、系统和零部件的设计和生产工作。主制造商需要与供应商进行广泛合作，开展基于模块化的协同设计。塞利格（Seliger）等人在分析复杂产品模块化设计的基础上，指出在复杂产品模块化设计过程中，供应商必须全面参与主制造商的系统设计工作，以协同合作的设计理念更好地满足客户个性化需求。皮尔逊（Persson）等人阐述了复杂产品模块化设计的主要优点及其实施过程中的关键因素，并通过沃尔沃（Volvo）公司的实际案例加以具体阐述和验证。戴维斯（Davies）讨论了复杂产品协同设计中的创新管理问题。丹尼尔（Daniel）则从司法的角度分析了美国境内复杂产品协同设计及日后生产过程出现争端的责任及诉讼等问题。此外，冯（Feng）等人就复杂产品模块化合作设计中的电子数据管理问题同样提出了自己的看法。

（3）复杂产品质量管理理论

随着近年来复杂产品增多及其日益广泛的应用范围，更多的研究集中在其质量管理领域。田菲尔德（Tianfield）提出了一类全寿命周期复杂产品质量改善模型，根据复杂产品从设计阶段到报废回收的不同特征，分析质量改善投资及其必要性。余（Yu）和查（Cha）设计了一套联合分布式复杂产品总体质量设计方案，并应用 web 技术为其质量规划提供更广泛的生产资源。谢（Xie）和郝（Hao）设计了一种基于改进型流程树的生产规划算法，能够很好地保障复杂产品的总装质量。格雷茨基（Zaretzky）分析了基于 ISO17025 标准的复杂产品质量管理体系，阐述其中关键的质量控制措施。此外艾斯雷（Ethiraj）、王（Wang）以及哈得斯通（Hardstone）在本领域均做出了各自的贡献。

（4）供应链管理理论

随着制造外包在全球化合作生产中日益普遍，供应链管理（Supply chain management，SCM）作为一种行之有效的管理方法，用于管理企业之间的合作关系。阿尔布开克（Albuquerque）等人使用

Petri Net作为建模工具描述供应链内部结构，评估企业间物流的库存绩效。肖（Xiao）和崔（Choi）结合博弈理论研究供应链的能力—价格竞争力。舍瓦斯（Shervais）等人基于动态规划模型提出了一类自适应控制方法，可用于构建智能供应链并控制供应链中的生产库存。此外，卡塔耶（Khataie）、阿查隆（Azaron）和弗兰卡（Franca）等人分别结合多目标规划理论从不同领域解决供应链中的各种实际问题，例如订购管理、供应链设计、供应商选择和合作收益评估等。

（5）供应链质量管理理论

本领域是供应链管理（Supply chain management，SCM）和质量管理（Quality management，QM）的结合和交叉，主要以供应链的视角分析并解决其中的质量控制问题。弗斯特（Foster）阐述了供应链质量管理（Supply chain quality management，SCQM）的基本概念并强调其广泛的应用价值。他提出供应链质量管理是提升多企业协同生产质量的一种有效工具。泰培罗（Tapiero）结合Neyman-Pearson理论，提出一种用于供应链质量控制的战略合作方法，并为合作型供应链设计了一套质量抽检方案。谢（Hsieh）和刘（Liu）将制造商和供应商之间的商业联系描述为一类非合作博弈模型，并根据信息完整程度分析制造商的质量投资和检验策略。朱（Zhu）分析了供应链成员对于产品质量改善工作的贡献度，并研究了不同主体的经营决策对质量提升的作用关系。罗宾逊（Robinson）等人分析了供应链质量管理的概念和内涵，并探析供应链质量管理在学术界和企业实践之间的关系。坎那克（Kaynak）和哈特力（Hartley）将传统的质量管理思想引申至供应链管理领域，提出应强化质量管理方法在供应链管理中的应用，提高供应链管理的绩效水平。此外，裴（Bae）和依艾（Ei）也从不同角度阐述过各自对供应链质量管理的看法。

二　国内研究现状

相对于国外研究而言，我国在大规模、大批量生产体系下质量管理问题的相关研究比较成熟,关于复杂产品和供应链质量管理问题的研究起步较晚。近年来,相关领域的研究发展很快,先后有一系列研究成果问世。但相关成果分布比较零散,相关理论的系统性不强,主要集中在以下六个方面。

(1)复杂产品开发与设计问题研究

陈平和杨文玉基于设计结构矩阵(Design structure matrix,DSM)对复杂产品开发过程进行了建模与分析,描述产品设计过程中的结构特征,以模块化聚类的视角识别和优化设计迭代等问题。刘玉生、蒋玉芹和高曙明从模型驱动的角度出发,对复杂产品系统设计的建模语言进行了分析,对模型驱动的复杂产品系统设计建模存在的不足与问题进行了分析与讨论,并给出其未来可能的发展方向。钟诗胜、王体春和王威构建一类基于基元和改进的质量屋模型,该模型可实现复杂产品客户需求向方案设计中功能特性的转化。郜震霄、肖田元和范文慧针对复杂产品设计过程中计算资源利用率低的问题提出了一类分布式智能仿真优化算法,能够很好地提升复杂产品设计过程计算效率。

(2)复杂产品系统创新管理问题研究

张米尔和田丹认为利基策略(蓝海策略)是复杂系统实现自主创新的关键所在,构建了基于利基策略的复杂产品系统创新模型。杨玲和彭灿运用预警管理基本理论,提出了复杂产品系统创新风险的预警管理体系,并给出了复杂产品系统风险的模糊综合评判方法。刘延松和张宏涛结合复杂产品系统创新过程的特性,界定了复杂产品系统创新能力的概念,分析了复杂产品系统创新能力的构成要素,并提出了相关管理策略。范钦满、吴永海和徐诚从多学科优化角度探索复杂产品技术创新的关键技术。王娟茹和杨瑾建立了基于模糊TOPSIS的评价模型,评价复杂产品研发团队知识集成能力。

(3)复杂产品供应链管理与产业集聚之间的关系研究

杨瑾以组织要素、产品复杂性要素、产业关联度要素为内生影响变量，分析供应链管理活动对大型复杂产品制造业集群演进的影响机理。随后她结合大型复杂产品制造业集群的特点，设计供应链管理绩效评价指标体系，从产业发展角度出发，探寻影响复杂产品产业集群中供应链管理绩效评价的影响因素，分析因素的影响程度以及各因素的相互作用关系。

（4）复杂产品质量管理与控制问题研究

郭弘其根据产品的质量特性和生产过程中发现的质量缺陷密度提出了一种评价复杂产品质量水平的量化方法。该方法可用以分析评价产品的质量水平，为产品生产或零部件采购工作顺利开展提供科学依据。段桂江提出了一种基于归零模式的质量问题处理模型，将复杂产品质量问题处理过程映射为具有层次结构性、广义关联性与闭环诉求性的质量问题处理过程网，将质量问题封装为归零任务对象。蔡承志、王美清和段桂江构建了多级质量计划执行模型，分析并研究了模型中质量计划的复杂业务及状态控制问题，提出了基于层次模型的质量计划状态控制方法。

（5）复杂产品合约化质量问题研究

毛景立先后在本领域发表了一系列研究成果。例如，他提出合约化质量是复杂产品质量概念向经济和法理进步的表现。此外，他又对复杂产品合约化质量的必要性和可行性开展论证和系统分析。他还进一步研究了基于复杂产品系统的合约化质量概念确立的价值，讨论了将博弈论引入复杂产品系统质量管理等领域研究的未来和可能性。

（6）供应链质量控制方法研究

麻书城和唐晓青提出了基于质量环的供应链生命周期模型，重点研究了供应链质量保证方法。伍建军和王金发在分析先进制造模式内涵及环境的基础上，探讨了该模式下的供应链质量管理特点和实施方法。周明、张异等人在合同设计过程中分析了各种行动隐匿情况下的道德风险问题，在实现供应商和制造商利益最大化的同时，提出一系列保障措施，优化供应链整体质量合作收益。张斌和华中生针对供应链质量管理问题，提出一种基于抽样检验决策的非合作博弈模型。该模型能够根据检验结果设计质量控制策略，能有效降低抽样成本，确保供应商和制造商获得更大的期望收益。张翠华和鲁丽丽研究了质量检验制度下供应链系统的协同质量控制问题，建立了委托—代理模型对供应链各方行为进行合理表征，改进产品质量，并通过买方和供应商的交易价格调整质量收益在双方之间的分配。

三　文献评述

综观国内外在复杂产品和供应链质量管理两大领域的相关研究不难看出，无论在理论探讨还是实践方面，上述领域均取得了可喜的成绩。国外研究对于复杂产品概念、内涵、特点等问题已提出了较为完善的理论体系，供应链管理问题的理论框架也已初步建立，但体系尚不健全；国内关于复杂产品质量管理问题也处于快速发展阶段。然而，对于其交叉领域——复杂产品供应链质量管理问题，不论理论研究还是企业应用层面，尚存在许多问题和不足。一方面复杂产品供应链质量管理问题的研究，目前尚缺乏有应用前景的理论成果；另一方面，在实际工作中，复杂产品（如大型客机、轮船、航天器等）主制造商尚未找到一种有效的方法对其产品的供应链质量进行有效控制。复杂产品供应链质量管理工作仍在低水平、非系统化的状态中徘徊，具体反映在以下五个方面：

第一，国内外对复杂产品供应链质量的含义并没有做出明确统一的定义，相关概念的界定模糊不清，一些基本的概念仍存在较多争议。这既不利于复杂产品供应链质量管理理论体系的形成，也不利于相关成果的交流。

第二，现有研究主要集中于对复杂产品和供应链质量管理的内涵、结构、功能、模式和环境的探讨，缺乏在二者交叉层面上的拓展研究。不可否认的是，由于复杂产品自身小批量等特点，以概率统计分析为核心的质量管理经典方法往往并不适用。由于复杂产品零部件更多需要参与全球化外包生产和采购，主制造商和供应商之间往往有着微妙的质量博弈关系，这一点也是传统上的车间级质量管理工作尚未涉及的重要问题。因此目前的研究局限于静态的、局部的、阶段性的分析，缺乏对复杂产品供应链质量实现开放性、整体性的管理和控制。

第三，关于复杂产品和供应链质量管理问题的现有研究主要局限于相关理论的定性分析和个体案例的经验总结，定量研究相对不足。现有研究对问题的识别和界定主要以系统描述的形式展开，所得出的结论同样以定性分析为主，缺乏系统化、规范化、定性与定量相结合的模型研究体系。此外，一些重要参数缺乏应有的定量化处理，研究结果缺乏充分的科学依据。

第四，相关管理策略和方法的研究仍停留在提供企业级或车间级等基本层面的决策建议，未能站在复杂产品供应链整体高度开展深入系统的可行性论证。复杂产品供应链质量管理的策略和措施不仅要针对具体供应商的管理问题，提出的对策还应具有执行的条件和可能，甚至还应能预测执行措施后的预期效果。而目前相关研究在对策可行性分析上基本处于空白，很大程度上制约了本领域研究的深入发展，使得理论研究更多停留在一般分析层面。

第五，在实践领域，对于汽车、电冰箱、笔记本电脑等具备大、中批量的产品研究较多，而小批量的复杂产品（如飞机、大船、航天器等）缺乏足够的研究重视。

值得一提的是，目前对国外理论的引进与吸收、理论与实践的结合仍值得进一步探讨，由于尚未找到实际应用的突破点，结合中国具体实践方面的成功案例不多。目前的研究不能很好满足我国复杂产品供应链质量管理理论和企业实际管理工作的当前需要和未来发展。

第四节　研究方案设计

一　具体研究目标

本书从复杂产品主制造商的角度，以"供应链质量合约设计—合同谈判过程质量冲突分析及解决方案设计—关键质量源探测—供应链质量控制措施优选决策—关键质量特性评价与优化"为研究主线，分析并研究复杂产品供应链质量管理过程中的若干关键问题，探索其中重要理论和方法，为我国复杂产品（商用飞机、大型船只、航天器等）的质量管理工作提供宝贵的理论参考和技术支持。本书具体研究目标主要体现在以下五个方面：

（1）在不对称质量信息下研究复杂产品供应链质量合约设计问题，设计一类基于质量合同设计的复杂产品供应链质量事前控制模式，探索通过合约化手段保证复杂产品外购系统和零部件质量的新途径和新方法。

（2）针对复杂产品合同谈判过程中可能出现的质量冲突，结合冲突分析理论，分析可能出现的均衡状态及冲突未来发展态势；研究不确定信息下复杂产品质量合作过程的收益分配问题，确定主制造商的购买标底和支付价格，辅助主制造商合理确定供应商的合作收益，设计并寻求上述质量冲突的解决方案。

（3）以广义质量损失视角分析质量损失在复杂产品供应链上的流动和放大机理，辅助主制造商探测复杂产品生产系统中的关键质量源，为进一步有针对性地开展供应链质量控制工作提供科学依据。

（4）针对复杂产品供应链多层级结构，研究复杂产品供应链质量管理控制策略递阶决策问题，设计外购产品质量管理框架，在复杂约束下优选质量控制策略集并制定质量控制资源分配方案，尽可能地实现复杂产品供应链的质量控制效果。

（5）结合结构方程理论，测算复杂产品外购系统质量特性对产品整体质量的贡献程度，并以此为基础构建目标规划模型，优化并完善复杂产品外购系统的质量容差要求，以实现复杂产品整体质量的最优改进效果。

二　主要研究内容

本书在详细把握复杂产品供应链质量管理国内外研究现状及其不足的基础上，以"供应链质量合约设计—合同谈判过程质量冲突分析及解决方案设计—关键质量源探测—供应链质量控制措施优选决策—关键质量特性评价与优化"为研究主线，主要研究内容如下：

（1）不对称信息下复杂产品供应链质量合同设计问题研究

在当今基于供应链合作的生产模式中，复杂产品质量管理模式已由企业内部自主开展质量管理的传统方法转变为多企业协同质量管理模式。由于供应链中所有参与企业均具有独立的法人资格并开展各自的质量管理活动，主制造商与供应商之间的质量合同成为管理外购产品、零部件质量和约束供应商质量保障工作的重要途径。本部分在充分考虑复杂产品小批量生产特性的基础上，以产品广义质量损失视角区别传统意义上基于概率统计的质量管理思想。考虑复杂产品供应链中不对称质量信息影响下，以主制造商的立场研究复杂产品质量合约设计问题，实现供应链整体质量利益的最大化。

本部分结合复杂产品生产和质量检验工作实际，为复杂产品主制造商探索出适用于小批量订购模式的一套基于质量合同的外购产品事前质量控制模式。构建复杂产品质量合作的 Edgeworth box 模型，探寻合作各方的"质量—利益"帕累托均衡点及其内在联系；在供应链采购合同中设计质量奖惩关键策略，在不对称质量信息下诱使供应商自发地保证其产品具备最优质量水平，最大限度地提升供应链整体收益并消除供应商的私有质量信息可能带来的道德风险和不良影响。

（2）复杂产品合同谈判过程质量冲突分析及解决方案设计研究

由于小批量或单件定制化生产，复杂产品及其外购产品（包括系统、零部件、机体等）的研制过程往往没有丰富的历史生产经验可以参照。再加上各方参与质量合作的动机不尽相同，在复杂产品合同谈判过程中，主制造商和供应商对外购产品的质量标准可能会产生一定分歧和冲突。上述问题若不能妥善解决，复杂产品生产进度及其供应链质量水平将会受到较大影响。作为一个多主体协同生产的合作联盟，复杂产品供应链中各成员均希望能够通过参与质量合作获得满意的经济和社会效益。因此，主制造商需要设计出一套科学、合理的质量合作收益分配方案，根据产品质量水平确定合适的支付价格，凭借经济手段化解潜在的质量冲突，与供应商建立并维持长期、有效、互惠互利的质量合作关系。

本部分结合冲突分析方法（Conflict analysis），研究复杂产品合同谈判阶段的质量冲突问题，以追求博弈主体之间的利益均衡为目的，探寻主体之间的利益均衡点；将 Petri 网作为图论模型引入冲突分析理论，并探求其内部均衡状态，分析冲突未来发展趋势；构建灰色 Shapley 模型确定不确定信息下各参与方的质量合作收益，并以此作为复杂产品谈判过程质量冲突的一个解决方案，确保合作各方能够积极、有效地参与复杂产品供应链质量合作。

（3）复杂产品供应链关键质量源的诊断与探测问题研究

复杂产品供应链是一类多层级、多主体、产品传递关系多样的大型系统，其中瓶颈节点的质量水平决定了复杂产品供应链的整体质量。由于供应链中不同产品质量的单位众多，不同供应商提供产品的实际质量往往不能直接比较。更有甚者，由于复杂产品生产过程中供应商数目众多，供应商网络结构复杂，质量损失在复杂传递过程中不断地累积、放大，最终极大地影响最终产品的质量水平。

本部分在合理测度供应商多元质量损失基础上，构建一类基于供应商质量损失流动的 GERT（Graph evaluation and review technique）网络模型；以该模型为研究平台，设计相关算法合理度量供应商质量损失及其波动对最终产品质量的影响程度，识别复杂产品供应链网络中关键质量源（质量瓶颈），为有针对性地开展复杂产品供应链质量管理工作提供一种崭新的研究方法和分析思路。

（4）复杂产品供应链质量控制方案递阶决策模型研究

为了能够有效地控制外购产品质量，主制造商会定期向其内部的质量管理团队征集质量控制方案，在考虑自身质量控制资源约束的情况下优选出下一阶段需要实施的质量控制方案组合，以实现复杂产品供应链质量的最优改善效果。不仅如此，主制造商还需要合理地分配各类质量控制资源（人力资源、物力资源、财力资源等），以确保获批的质量控制方案能够顺利开展并达到预期效果。

本部分针对复杂产品供应链质量控制策略优选问题，设计了一类新型的供应链质量控制屋分析平台（House of supply chain quality, HSCQ）。根据该平台提供的质量数据和成本控制方案等信息，将其转化为多目标规划模型。在考虑候选质量控制策略相关关系的基础上优选质量控制方案的最优组合，实现企业满意的质量改善效果。结合复杂产品生产系统实际，基于供应链多层级结构以控制资源传递为纽带连接复杂产品供应链中各企业的 HSCQ 模型，构建复杂产品供应链质量控制屋网络结构，将其转化为多级多目标递阶决策模型，辅助复杂产品各级生产企业优选质量控制项目，保障各层级质量控制方案的有效集成和衔接，对复杂产品供应链中流动的产品零部件质量水平实现最优控制。

（5）复杂产品外购系统关键质量特性的动态评价及容差优化问题研究

在复杂产品"主制造商—供应商"的生产模式下，主制造商向供应商提出外购产品的质量标准和质量要求，并要求供应商必须将其产品关键质量特性的实际表现值控制在规定的容差区间之内。然而在产品试制、研发、预生产、批量生产过程中，主制造商可能会根据前一阶段不同供应商的产品质量保障效果对之前设计的容差标准进行适当调整和优化,以实现复杂产品整体质量最优的提升效果。

本部分结合结构方程理论(Structural equation model),以无量纲化的质量损失数列为输入参数,以高阶因子(High-order model)的形式设计隐变量,用于表征最终产品和外购的质量满意度,并测算各关键质量特性现有表现值对复杂产品的质量贡献度权重;以此上述贡献度权重为基础,构建目标规划模型,优化复杂产品外购系统关键质量特性的容差分配,实现复杂产品整体质量的最优改善。

上述五个方面研究内容均为复杂产品供应链质量管理体系中的关键问题,反映了实际工作的迫切需要。此外,五个部分的研究内容彼此关联,按照时间维度逐渐展开,具备很强的逻辑递进关系。根据上述研究问题、研究内容及方法论,本书的研究思路如图1.3所示。

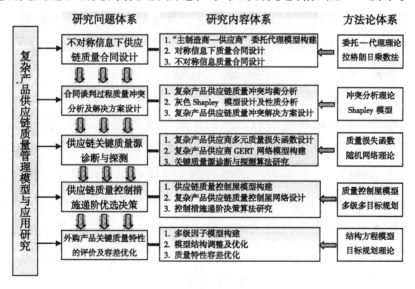

图1.3 研究思路图

三 主要研究方法

本书采用的主要研究方法如下:

(1)定性分析与定量计算方法相结合。本书拟在较全面掌握本领域现有研究的基础及不足上，有针对性地展开研究内容，并结合GERT、"委托—代理"理论、拉格朗日乘数法、博弈论、多级多目标规划模型、质量屋和结构方程等诸多定量方法论开展相关研究，真正做到定性分析指明研究方向，定量计算解决实际理论问题。

（2）数学推理与仿真计算方法相结合。在本书研究过程中，主要采用数学分析与推理的方法进行研究，通过构建数学模型并设计高效算法，最终得出相关重要结论。对于其中繁杂的数学迭代、计算过程，主要使用 Matlab、Maple、SPSS、Lisrel 等软件进行仿真计算，以保证运算、处理的效率。

（3）理论研究与实践验证方法相结合。本书在进行理论研究的同时，积极利用课题组资源，与中国商用飞机有限责任公司进行广泛合作，尝试将重要的研究理论和成果应用于我国商用大飞机供应链质量管理工作之中，为我国大飞机产业发展提供重要的理论支持和依据。

本 章 小 结

复杂产品供应链质量管理是质量管理领域的核心问题。由于复杂产品结构复杂、需求零部件种类繁多、制造工艺难度大、产品试制过程风险大等特征，主要采用"主制造商—供应商"生产模式，通过开展供应链质量合作实现协同研制生产。本章在分析复杂产品供应链质量管理的重要理论和实践意义的基础上，对国内外相关文献进行了详细分析和评述。针对现有研究的不足，有针对性地展开研究内容，形成研究思路，为接下来开展一系列具体研究打下了坚实的基础。

第二章

不对称信息下复杂产品供应链
质量激励合同设计问题研究

　　复杂产品主要采用小批量或单件定制的生产方式，基于大样本的概率型质量参数就失去了应用背景和反映效力，不能用于描述外购产品的整体质量水平和检验效果。本章借助"委托—代理"理论，为复杂产品主制造商在单件或小批量生产模式下设计一套基于质量合同的事前质量控制模式。通过设计合同中的关键质量参数，诱使供应商在追求自身利益最大化的过程中自发地保证其产品具备最优的质量水平。具体而言，构建基于主制造商和供应商质量合作关系的 Edgeworth box 模型，探寻合作各方的"质量—利益"帕累托均衡点及其内在联系。在分析合作关系和各方利益组成的基础上，设计复杂产品供应链质量的"委托—代理"模型，为本章后续研究提供科学的分析框架。分别在信息对称和不对称情形下，以主制造商的视角探寻博弈各方可能会达到的博弈均衡点，研究最优质量合同中关键质量参数与博弈均衡点之间的函数关系，以确保主制造商能够得到质量满意的零部件并实现自身的最优利润。针对由商用飞机公司和航空发动机公司组成的航空供应链开展应用研究，验证上述模型和方法的可行性和有效性。本章为复杂产品质量合同设计问题提供了一种崭新的研究思路和解决方法。

第一节　问题描述

在复杂产品的"主制造商—供应商"生产模式中，主制造商向供应商提出质量要求，购买高质量的零部件进行总装，并将最终产品销售给客户。如果复杂产品中含有未达到质量要求的零部件，现有客户和潜在客户对主制造商的品牌忠诚度将大幅下降，甚至转而选择其竞争对手的产品。如果主制造商试图在激烈的市场竞争中占据优势地位，就必须严格控制外购部件的质量水平，以避免产生诸如品牌声誉受损和市场份额缩水等外部损失。

在主制造商与供应商的合作关系中，供应商需要投入一部分生产资源用于保障其产品的质量水平，而主制造商需要投入一些检验资源用于获得较为准确的质量检验效果。双方投入资源的情况分别决定了质量保障和质量检验的效果。但是供应商的生产过程不是尽善尽美的，可能会产出不符合质量要求的次品；主制造商的检验过程同样不可能做到绝对准确，可能会产生一定程度的检验偏差。需要注意的是，由于复杂产品通常是单件或小批量生产的，所需的核心零部件也是小批量订购，并不具备大样本效应。因此，基于概率的质量指标（例如次品率），就不能用来描述其质量水平。此外，主制造商必然对外购产品采用质量全检方式，这与大规模生产模式下的抽样检查有着本质的区别。

在供应链实际运作中，往往存在一些不对称信息。由于自身的生产经验和专业优势，供应商一般能够较准确地识别其产品的实际质量水平，这可以认为是供应商的私人信息。然而，主制造商却不具备这样的信息优势，只得通过不完美的质量检验过程去尝试识别外购件的实际质量。这样一来，主制造商就会面临着"取伪"和"去真"两类质量风险。因此，信息不对称下的双方质量合作过程，对于主制造商是道德风险问题，对于供应商则是逆向选择问题。站在主制造商的立场上，需要在信息不对称的供应链环境下设计一系列质量保障和激励策略去引导供应商提供高质量零部件，以满足主制造商的质量需求。

现如今的商业关系中，合同已经成为控制双方合作的重要工具，其中的质量条款能够有效地控制外购产品的质量水平。作为一类行之有效的质量预防策略，供应链合同中的质量条款能够无形地确保并激励供应商生产高质量的产品。这些质量条款通常包括合格品的质量奖励条款、不合格品的质量惩罚条款和质量检验方法。具体而言，合格品的质量奖励条款是指如果供应商能够提供更高质量的产品，他将能够获得更多的质量收益，这也可以看作是主制造商对外购产品质量改善的直接投资。不合格品的质量惩罚条款意味着如果经过检验可判定某产品为不合格品，供应商将面临十分严重的惩罚，从而起到一种质量保证和威慑的作用。这些质量激励和保障条款能够引导供应商提供高质量的产品，使得主制造商实现其最优利益并最大限度地消除由不对称信息带来的交易风险。

目前质量合同设计领域的相关文献主要结合"委托—代理"理论，讨论大规模生产模式下制造商如何设计有效的质量条款以控制外购产品质量并约束供应商行为。斯达博格（Starbird）分析了质量报酬和惩罚措施对供应商的实施效果。拜曼（Baiman）分析了供应链质量合同对生产效率和产品质量的影响。里姆（Lim）分析了供应链合同中的两类惩罚条款（价格折扣和保证金）对外购质量的控制效应，并提出博弈模型分析最优质量参数以帮助主制造商获得期望收益。巴拉钱德兰（Balachandran）和拉达克里希南（Radhakrishnan）根据质量检验结果和外部质量损失研究质量惩罚条款效力，并分析其实施公平性。尼尔斯（Reyniers）和泰培罗（Tapiero）针对产品召回问题提出两类外部质量损失分成模型，以督促供应商改善零部件质量。

纵观国内外相关文献不难发现，关于质量合同设计的现有研究主要局限在大规模生产领域，例如汽车产业和电脑产业。在大规模生产系统中，供应商提供的零部件数量众多，往往使用次品率等概率性质量参数描述整批次货品的质量水平。除此之外，制造商也无法对成百上千的外购品进行逐一检查，只得通过抽样检查的方式去评估整批次产品的实际质量水平。因此，在大规模生产中，供应商需要控制次品率，而制造商则需要制定最佳的抽样方案。然而复杂产品的生产过程属于单件或小批量定制的生产模式，大规模生产模式下的质量保障和检验方案无法反映外购产品的质量水平和检验效果。这样，主制造商缺乏了一种基于合同设计的事前质量控制方法，势必在激烈的市场竞争中增加额外的质量运作成本，例如顾客品牌忠诚度下降和市场份额缩水。

需要说明的是，对于某些质量标准（如国军标、适航认证等）极为严格的大规模生产系统（如军用保障车、装甲车、火炮武器等），某些外购产品（如金属连接件、精密仪表等）具备大样本特征。然而在严格的质量要求下，制造商仍需要对其进行质量全检，而非抽样检验。因此，本书方法可用于诸如此类质量要求极高且需要进行质量全检的大规模生产系统。

第二节　复杂产品"主制造商—供应商"质量契约曲线

在复杂产品生产系统中，主制造商从供应商处订购高质量零部件，以提升复杂产品的整体质量。为了获得更高质量的产品，主制造商需要支付更多的采购成本；为了生产出更高质量的零部件，供应商则需要投入更多的质量保障资源。随着零部件质量的提升，复杂产品整体质量水平势必得到一定程度的改善，带来一定规模的质量改善收益。根据边际效用递减规律，随着部件质量水平进一步提升，复杂产品的边际质量收益会呈下降趋势，然而供应商生产难度和质量保障成本却会大幅度提升，主制造商的合作收益也会随之减少。因此在复杂产品生产体系中，主制造商与供应商的质量交易过程旨在探寻互惠互利的"质量—收益"有效配置点，实现双方质量交易的帕累托均衡。

如图 2.1 所示，构建 Edgeworth box 模型用于描述复杂产品主制造商和供应商之间的质量合作关系。盒形图的右上顶点表示主制造商 M，左下和左后顶点分别代表其供应商 S_i 和 S_j；盒形图的长代表各方的质量合作收益，宽和高分别表示各方产品的质量水平。合作各方均存在着一系列凸向各自原点 $O.$ 的无差异曲线 $U.$，这条曲线用于表示在各自合作收益与产品质量水平之间的边际技术替代率。主制造商的无差异曲线 U_M 和任一供应商的无差异曲线 U_S 之间的切点便组成了双方交易的契约曲线 l。契约曲线上的点均是双方可实现交易的"收益—质量"均衡点，即在该曲线上各点，双方能够通过合理的谈判和磋商确定零部件的购买费用和质量水平，并实现双方交易的帕累托最优。

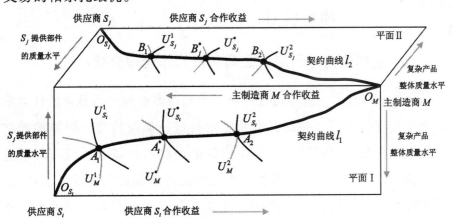

图 2.1　主制造商—供应商合作的 Edgeworth box 模型示意图

例如，图 2.1 中平面 I 可用于描述主制造商 M 与供应商 S_i 之间的质量交易过程。各方的合作收益与其产品的质量水平之间可形成无差异曲线 U_M 和 U_{Si}，二者相交于若干切点 $A.$。在切点 $A.$ 处，双方均可以实现各自合作收益与产品质量水平之间的有效配置，即无法在不损害另一方利益情况下，单方面提升自身利益。契约曲线 l_i 连接这些有效配置点，显示出有可能进行互惠交易的有效方案集合，即帕累托均衡点集合。

不仅如此，主制造商需要从诸多有效配置点之中确定一个最优配置点，以实现自身合作收益最大化。仍以平面 I 为例，在契约曲线 l_i 上的所有配置点 $A.$ 之中，主制造商需要从中优选出一个最优配置点 A^*，在该点处能够实现自身最优的质量合作收益。假设配置点 $A_k \in l_i$ 处主制造商的合作收益为 $\prod_M (A_k)$，主制造商需要确定最优的"收益—质量"配置点 A^*，使得 $\prod_M (A^*) \geqslant \prod_M (A_k)$，$\forall A_k \in l_i$。因此为了保障双方交易能够在最优配置点处实现，主制造商需要设计一系列质量激励和保障策略，引导供应商在寻求自身最优利益的同时，自觉、主动地提供具备最优质量的零部件。

第三节　复杂产品供应链质量"委托—代理"模型设计

一　主制造商与供应商之间质量合作流程分析

在复杂产品供应链质量合作中，主制造商根据产品总体设计方案向供应商订购产品，并对其交付零部件进行质量检验。根据检验结果，主制造商需要判断支付给供应商的采购费用或对供应商进行违约惩罚。接下来，主制造商将所有接收的外购部件组装成复杂产品，并将最终产品交付给客户使用。如果复杂产品含有未达到质量要求的零部件，客户在长期使用过程中会逐渐察觉，并责成主制造商进行维修，这势必会损坏主制造商声誉并造成外部质量损失。

假设主制造商向供应商提出质量要求为零部件的质量表现值 x 必须控制在容差区间 $[x_L, x_H]$ 内，即 $x \in [x_L, x_H]$，（x_L 指下容差线，x_H 为上容差线），最优质量目标值为 $\varepsilon \in [x_L, x_H]$。对于望大质量特性，$\varepsilon = x_H$；对于望小质量特性，$\varepsilon = x_L$。

根据产品流向，主制造商与供应商之间的合作过程可以分为以下六个阶段：

阶段1：零部件生产阶段。供应商按照主制造商的质量要求生产零部件，并赋予其一定的质量水平。由于零部件为小批量生产，概率型质量指标无法描述其整批次质量水平。本章使用零部件实际质量 x 与质量目标值 ε 之间的广义距离，即 $d = |x - \varepsilon|$，作为衡量零部件质量水平的重要指标。此外，定义供应商质量保障能力为 $P_a(d)$，与 d 成减函数关系，即 $P'_a < 0$。当产品质量未能达到质量需求时，$x \notin [x_L, x_H]$，令供应商质量保障能力 $P_a(x) = 0$。

阶段2：主制造商检验阶段。当零部件生产完毕并准备交付时，主制造商会对该批次零部件进行逐一的质量检验（下称质量内检），以确定外购产品的质量水平。由于主制造商检验过程存在误差，假设质量内检结果为 $\mu = x + \sigma$，其中 σ 是检验值 μ 和实际质量 x 之间的偏差。此外，定义主制造商检验能力为 $P_e(|\sigma|)$，当 $|\sigma| \to 0$ 时，主制造商需要维持更高水平的质量检验能力，即 $P'_e < 0$。

阶段3：交易质量确认阶段。当完成质量内检，主制造商需要向供应商通报其质量检验结果 μ。双方将共同确认每件零部件的交易质量 $\hat{x}$，并作为交易结算的依据。如果内检结果 μ 优于实际质量 x，即 $|\mu - \varepsilon| < |x - \varepsilon|$，供应商为了获得更丰厚的质量奖励，可以接受检验结果并确认交易质量 $\hat{x}$。如果 $|\mu - \varepsilon| < |x - \varepsilon|$ 且 $x \in |x_L, x_H|$，供应商将不接受检验结果 μ，并按照合同约定申请质量权威机构对该零部件进行专业质量检验。假设专业质量检验能够准确识别其实际质量，$\hat{x} = x$，合作双方将共同承担专业质检检验费用 H，主制造商承担比例 γ，供应商承担比例 $-\gamma$，$0 \leq \gamma \leq 1$。如果 $|\mu - \varepsilon| > |x - \varepsilon|$ 且 $x \notin [x_L, x_H]$，供应商深知产品未能符合质量要求，则不会寻求专业检验，以节省其分担的专业检验费用 $(1 - \gamma)H$。

阶段4：交易结算阶段。根据产品的交易质量 $\hat{x}$，如果 $\hat{x} \in [x_L,$

x_H]，主制造商将按照质量报酬函数 $R(\hat{x})$ 计算每件零部件的购买价值。如果 $\hat{x} \notin [x_L, x_H]$，主制造商便可以定该零部件为不合格品。作为产出不合格品的惩罚，供应商需要再次生产并交付通过权威机构专业质量检验的产品，并独自承担专业质量检验费用。此外，主制造商对购买该零部件可以享受 α（$\alpha > 0$）的价格折扣。

阶段 5：复杂产品总装阶段。获得所有订购的零部件之后，主制造商将对复杂产品进行总装，并交付给客户使用。

阶段 6：客户使用阶段。客户在长期使用过程中能够察觉零部件的真实质量。如果发现某零部件未能达到主制造商承诺的质量性能时，客户会责成主制造商对产品进行维修。主制造商则会面临外部损失，其中包括维修成本 C_r 和声誉损失 ηC_r，（$\eta \geq 1$）。另设没有确凿的证据反映该质量问题应归因于总体设计还是制造过程，针对维修成本 C_r，主制造商承担 λC_r，供应商分担（$1-\lambda$）C_r，其中 $0 \leq \lambda \leq 1$。

基于上述分析，主制造商和供应商之间的质量合作各阶段之间关系可用图 2.2 表示。此外，为了更直观地分析各过程之间的联系，图 2.3 为上述质量关系的树形图，其中节点表示决策状态，阴影部分表示相应箭线实现的条件。

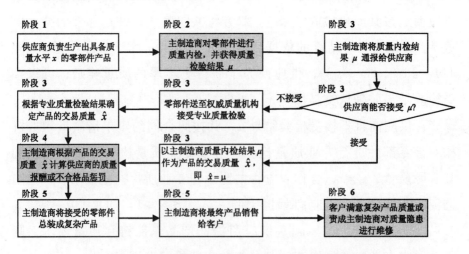

图 2.2　主制造商和供应商之间的质量合作阶段示意图

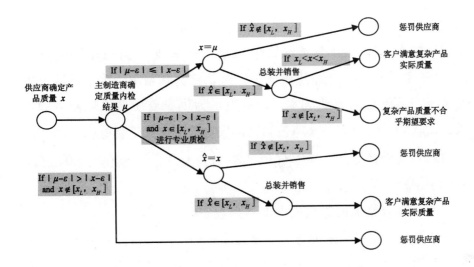

图 2.3　主制造商和供应商之间质量合作关系树形图

二　供应商合作收益构成分析

在与主制造商的质量合作中，供应商的主要任务是投入质量保障资源用于生产具有高质量的零部件。假设供应商的质量保障能力为 $P_a(x) = \chi - d = \chi - |x - \varepsilon|$，其中 χ 为供应商的最高质量保障水平。根据上节所述双方质量合作过程，供应商参与供应链质量合作的收益可大致分为以下五部分：

（1）从主制造商处得到的质量报酬 $R(\hat{x})$（正收益）

如果零部件被主制造商接受并且双方确认了交易质量 $\hat{x}$，供应商可以从主制造商处获得质量报酬 $R(\hat{x}) = A + f(P_a(\hat{x}))$，其中 A 为固定报酬，$f(P_a(\hat{x}))$ 为变动报酬，$\partial f / \partial P_a > 0$，$\partial^2 f / \partial P_a^2 > 0$。需要注意的是，如果零部件被认定为不合格品，$\hat{x} \notin [x_L, x_H]$，供应商将不会得到质量报酬，即 $R(\hat{x}) = 0$。

（2）生产成本 $C_a(x)$（负收益）

为了制造出高质量的产品，供应商需要投入一部分生产资源，例如先进的生产设备、专业的技术工人、舒适的生产环境和高效的管理体系，这些资源构成了供应商的生产成本。根据与产品质量水平的相关性，供应商的生产成本可以分为两部分：固定生产成本和质量保障成本。固定生产成本属于固定生产开支（例如建设生产厂房），这部分成本与产品质量无关，可认定为常数 B；质量保障成本是关于产品质量的变动成本，可以表示为供应商质量保障能力的函数，$C_a(x) = g(P_a(x))$。当产品实际质量 x 逼近目标值 ε 时，产品制造难度将会增加，质量保障成本也会上升，即 $\partial g / \partial P_a > 0$，$\partial^2 g / \partial P_a^2 \geq 0$，$g(0) = 0$。

（3）不合格品的惩罚成本 W（负收益）

如果交易质量 $\hat{x}$ 未能达到质量需求，$\hat{x} \notin [x_L, x_H]$，该零部件将被判定为不合格品。针对上节所述阶段 4 中关于产出不合格品的处理方法，供应商不仅需要提供通过权威质检部门检验的产品并独自承担专业质量检验费用 H，而且需要给予主制造商一定的购买折扣 α。因此，供应商的再生产收益可表示为 $W = (1 - \alpha) R(x) - B - C_a(x) - H$，其中惩罚成本为 $\alpha R(x) + H$。需要注意的是，如果 $\alpha \in (0, 1]$，供应商仍然能够获得 $1 - \alpha$ 比例的质量报酬。如果 $\alpha > 1$，$(1 - \alpha) R(x) < 0$，这便意味着供应商不仅不能获得相应的质量报酬，还要赔偿主制造商违约金 $(1 - \alpha) R(x)$。

（4）专业质量检验分担成本 γH（负收益）

如果供应商坚信产品是合格品并且其实际质量 x 要优于主制造商的检验结果 μ，即 $x \in [x_L, x_H]$ 且 $|x - \varepsilon| < |\mu - \varepsilon|$，他将申请权威机构的专业质量检验，并承担一部分的专业质检费用 γH，$0 \leq \gamma \leq 1$。

（5）维修成本 $(1 - \lambda) C_r$（负收益）

如果顾客责成主制造商对产品进行维修，供应商将承担部分的维修成本 $(1 - \lambda) C_r$，$0 \leq \lambda \leq 1$。

由上述分析可知，供应商的合作收益可能出现以下四类情形：

情形 1：如果零部件符合质量要求，但是主制造商的质量内检结果 μ 劣于其实际质量 x，即 $|\mu - \varepsilon| > |x - \varepsilon|$ 且 $x \in [x_L, x_H]$。无

论 μ 是否在容差区间内，供应商都将申请专业质量检验，以获得更好的质量报酬。由于零部件符合质量要求，不会发生外部质量损失。情形1下供应商的合作收益可表示为：

$$\prod_s^1(x) = R(x) - B - C_a(x) - \gamma H, if|\mu - \varepsilon| > |x - \varepsilon|, \hat{x} = x,$$
$$x \in [x_L, x_H]$$

情形2：如果供应商深知零部件不符合质量要求，而主制造商检测的结果也证实了这一点，即 $\mu, x \notin [x_L, x_H]$，无论 μ 与 x 孰优孰劣，供应商便没有必要申请专业质量检验。供应商既不能通过专业质量检验获得额外的质量收益，还要支出部分的检验费用。因此供应商会接受检验结果并接受产出不合格品的惩罚。由于 $x \notin [x_L, x_H]$，产品的质量保障成本 $C_a(x) = 0$，此情形下供应商的合作收益为：

$$\prod_s^2(x) = -B + W, if x, \mu \notin [x_L, x_H]$$

情形3：如果供应商清楚零部件是次品，但主制造商拙劣的质量内检显示该产品是合格的，即 $\mu \in [x_L, x_H]$ 且 $x \notin [x_L, x_H]$。主制造商将用不合格的零部件组装成复杂产品并将其交付给客户使用，并必然面临外部质量损失。由于 $x \notin [x_L, x_H]$，供应商质量保障成本 $C_a(x) = 0$，供应商的合作收益为：

$$\prod_s^3(x) = R(\mu) - B - (1 - \lambda)C_r, if|\mu - \varepsilon| \le |x - \varepsilon|, \hat{x} = \mu,$$
$$\mu \in [x_L, x_H], x \notin [x_L, x_H]$$

情形4：如果零部件符合质量要求，但主制造商质检结果 μ 优于其实际质量 x，即 $x, \mu \in [x_L, x_H]$ 且 $|\mu - \varepsilon| \le |x - \varepsilon|$，主制造商将用合格的零部件总装复杂产品并交付客户使用。这种情形下，供应商在更好质量报酬的驱动下，不会申请专业质检，此情形下供应商合作收益可以表示为：

$$\prod_s^4(x) = R(\mu) - B - C_a(x), if|\mu - \varepsilon| \le |x - \varepsilon|, \hat{x} = $$
$$\mu, x, \mu \in [x_L, x_H], x \notin [x_L, x_H]$$

为了更形象地说明上述四类情形及其发生条件，选取望目质量特性（容差区间为 $[x_L, x_H]$，最优目标为 $\varepsilon \in [x_L, x_H]$）用于说明上述情形，如图 2.4 所示。

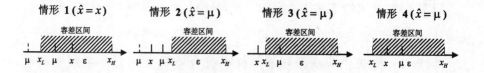

图2.4　可能的合作情形示意图

不失一般性，如果零部件实际质量为 x，主制造商的质量内检结果为 $\mu = x + \sigma$，上述四类情形下供应商的质量合作收益可用分段函数表示为：

$$\prod_S(x, \sigma) = \begin{cases} R(x) - B - C_a(x) - \gamma H, & |\mu - \varepsilon| > |x - \varepsilon|, \hat{x} = x, x \in [x_L, x_H] \\ -B + W, & \hat{x} = \mu, x, \mu \notin [x_L, x_H] \\ R(\mu) - B - (1 - \lambda)C_r, & |\mu - \varepsilon| \leqslant |x - \varepsilon|, \hat{x} = \mu, \\ & \mu \in [x_L, x_H], x \notin [x_L, x_H] \\ R(\mu) - B - C_a(x), & |\mu - \varepsilon| \leqslant |x - \varepsilon|, \hat{x} = \mu, x, \mu \in [x_L, x_H] \end{cases}$$

三　主制造商合作收益构成分析

在复杂产品质量合作中，主制造商主要负责零部件质检、组装复杂产品并提供完善的客户服务。根据质量合作各阶段分析，主制造商的合作收益可分为以下五部分：

（1）质量增值收益 $M(P_a(x))$（正收益）

由于零部件质量的提升，复杂产品的质量竞争力也随之增强，主制造商由此可以获得一定的质量增值收益，例如销售价格上涨、顾客满意度增加等。假设主制造商的质量增值收益是供应商质量保障能力 $P_a(x)$ 的增函数 $M(P_a(x))$，$\partial M / \partial P_a > 0$，$\partial^2 M / \partial_a^2 < 0$。需要说明的是，如果外购产品未能达到质量要求，主制造商便不拥有质

量增值收益，即 $\forall x \notin [x_L, x_H]$，$M(x) = 0$。

（2）内部检验成本 $C_e(P_e)$（负收益）

当零部件完成生产并准备交付，主制造商将对外购产品开展内部质量检验，以判断其是否符合质量标准。为了得到较为准确的质检结果，主制造商需要投入一定的质检资源，例如精密仪器、专业的质检人员等，这便形成了主制造商的内部检验成本。如果要求偏差 σ 尽可能趋近 0，主制造商则需要投入更多的质检资源，以求更准确的检测结果。因此内检成本 $C_e(P_e)$ 是检验能力 P_e 的增函数，$\partial C_e/\partial P_e > 0$。

（3）专业检验成本 $(1-\gamma)H$（负收益）

如果供应商不接受内检结果 μ 并申请质量权威机构的专业质量检验，主制造商则要负担一部分的专业检验成本 $(1-\gamma)H$，$0 \leqslant \gamma \leqslant 1$。

（4）再生产部件收益 W（正收益）

如果零部件被认定为不合格品，主制造商会惩罚供应商重新交付一个通过专业质检的产品并享受到 α 的价格折扣。如果再生产的部件质量为 x，主制造商获得的收益为 $U = M(x) - (1-\alpha)R(x)$。

（5）外部质量损失 $(\lambda+\eta)C_r$（负收益）

如果含有不合格零部件的复杂产品投向了市场，客户会在日常使用中有所察觉，并责成主制造商对其质量问题进行维修，这便引发了外部质量损失。考虑到维修成本和声誉损失，主制造商的外部质量损失可以表示为 $(\lambda+\eta)C_r$。

根据上节描述的四类可能出现的合作情形，主制造商的合作收益分析如下：

情形 1：$\prod_M^1 = M(x) - R(x) - C_e(\sigma) - (1-\gamma)E, if\ |\mu-\varepsilon| > |x-\varepsilon|, \hat{x} = x, x \in [x_L, x_H]$

情形 2：$\prod_M^2 = -C_e(\sigma) + W, if\ x, \mu \notin \hat{x}, \hat{x} = \mu$

情形 3 : $\prod_{M}^{3} = -R(\mu) - C_{e}(\sigma) - (\lambda C_{r} + \eta C_{r}), if \mu \in \hat{x}, x \notin \hat{x},$
$\hat{x} = \mu$

情形 4 : $\prod_{M}^{4} = M(x) - R(\mu) - C_{e}(\sigma), if |\mu - \varepsilon| \leqslant |x - \varepsilon|, \hat{x} = \mu, x, \mu \in \hat{x}$

如果零部件实际质量为 x ，质量内检结果为 $\mu = x + \sigma$ ，主制造商的质量合作收益可用分段函数表示为：

$$\prod_{M}(x, \sigma) = \begin{cases} M(x) - R(x) - C_{e}(\sigma) - (1 - \gamma)H, |\mu - \varepsilon| > |x - \varepsilon|, \hat{x} = x, x \in [x_{L}, x_{H}] \\ -C_{e}(\sigma) + U, \qquad\qquad\qquad x, \mu \notin [x_{L}, x_{H}], \hat{x} = \mu \\ -R(\mu) - C_{e}(\sigma) - (\lambda C_{r} + \eta C_{r}), \quad |\mu - \varepsilon| \leqslant |x - \varepsilon|, \hat{x} = \mu, \\ \qquad\qquad\qquad\qquad\qquad \mu \in [x_{L}, x_{H}], x \notin [x_{L}, x_{H}] \\ m(X) - r(\mu) - C_{e}(\sigma), \qquad |\mu - \varepsilon| \leqslant |x - \varepsilon|, \hat{x} = \mu, x, \mu \in [x_{L}, x_{H}] \end{cases}$$

四 复杂产品质量合作过程委托—代理模型设计

在复杂产品质量合作过程中，主制造商作为委托方，授权供应商（代理人）负责生产高质量零部件。在上述委托—代理关系中，供应商有着质量信息优势，能够清楚地知道自己在质量保障工作上的投入及零部件的实际质量水平。而主制造商没有上述信息优势，只得通过其并不完美的质量检验等手段去估计零部件的实际质量，从而面临着"取伪"和"去真"两类质量风险。因此，信息不对称下的复杂产品供应链质量合作过程，对于主制造商是道德风险问题，对于供应商则是逆向选择问题。

为了有效地控制外购件质量，主制造商通常在合同中设计一些质量保证和激励的条款，以诱导供应商在追求自身合作收益最大化的过程中自觉、主动地保障零部件具备最优质量水平。一般而言，这些条款包括对合格品的质量激励条款和对不合格品的质量惩罚条款，确保主制造商能够获得最优合作收益。因此，对于复杂产品供应链质量合作问题，"委托—代理"模型的目标函数可以设计为 $Maximize$ $\prod_{M} (x, \sigma)$ 。

为了建立并维持双方的合作关系，"委托—代理"模型需要考虑以下两类约束：

（1）参与约束（Individual Rationality Constraint）

参与约束主要是用于确保主制造商和供应商之间能够建立起合作关系的一类约束，具体表现为供应商根据其能力和声誉，参与质量合作获得利润不能少于其在市场上的机会收益。假设供应商的机会收益为 $\overline{\prod_S}$，则复杂产品供应链质量合作"委托—代理"模型的参与约束可以表示为 $\prod_S(x) \geqslant \overline{\prod_S}$。

（2）激励相容约束（Incentive Compatibility Constraint）

激励相容约束是指供应商在合作过程中会自动选择能实现自身最优收益的行动。因此，供应商将根据其最优合作收益 $\prod_S(x^*)$ 来确定其质量保障能力。因此，供应商的激励相容约束可以表示为 $C_a(x^*) = \mathrm{argmax} \prod_S$ 或 $\prod_S [C_a(x^*)] \geqslant \prod_S (C_a(x))$，$\forall x$。

基于上述分析，复杂产品主制造商与供应商质量合作的"委托—代理"模型可以表示为：

$$Maximize \prod_M(x, \sigma)$$

$$s.t. \begin{cases} \prod_S(x, \sigma) \geqslant \overline{\prod_S} \\ C_a(x^*) = \mathrm{argmax} \prod_S \end{cases}$$

第四节　对称信息下复杂产品供应链质量"委托—代理"均衡分析

为了给后续研究提供一个参照，本节首先探讨一种理想情况——对称信息下的复杂产品供应链质量"委托—代理"均衡及供应链最优质量合约设计。在对称信息下，合作双方均能直接观察到供应商的质量保障成本 $C_a(x)$（或零部件实际质量 x）和主制造商的质检投资 $C_e(\sigma)$（或质量检验误差 σ）。因此，作为委托人的主制造商能够毫无风险地掌握零部件实际质量并对供应商做出合理的奖惩决策。

假设当零部件质量为 x^* 时，主制造商能够获得最优合作收益 $\prod_M(x^*)$。对称信息下，主制造商便能够提供一份强制性合同并要求供应商必须投入质量保障成本 $C_a(x^*)$。否则，主制造商将给供应商提供另外一份远远低于 $R(x^*)$ 的质量报酬。主制造商的上述手段能够起到和激励相容约束完全相同的效果。换言之，在对称信息下的"委托—代理"模型当中，参与约束是硬约束，激励相容约束为软约束，可以忽略不计。

由于质量合作双方均能直接观测到零部件的实际质量，因此交易质量 $\hat{x} = x$。对于任何理性的供应商，必然不会提供不合格产品而接受质量惩罚。因此 μ，$x \in [x_L, x_H]$，$\hat{x} = \mu = x$ 且 $|\mu - \varepsilon| = |x - \varepsilon|$。根据上节所述情形4，对称信息下复杂产品供应链质量的"委托—代理"模型可表示为：

$$Maximize \prod_M(x) = M(x) - R(x)$$

$$s.t. \prod_S(x) = R(x) - B - C_a(x) \geqslant \overline{\prod_S} \qquad (2.1)$$

由于主制造商不必支付多于 $\overline{\prod_S}$ 的购买成本，公式（2.1）中的参与约束必为硬约束，将其代入目标函数可得无约束优化模型如下：

$$Maximize_x \prod_M(x) = M(x) - B - C_a(x) - \overline{\prod_S} \qquad (2.2)$$

从公式（2.2）不难看出，原"委托—代理"模型已经转化为一类联合收益优化问题。主制造商能够"强迫"供应商提供具备质量水平 x^* 的产品，从而获得其最优收益 $\prod_M(x^*)$。该问题的内部均衡解，$\{x, \sigma\} = \{x^*, \sigma^*\}$，可以看成"委托—代理"模型的第一类最优解。

定理2.1：对称信息下复杂产品质量合作"委托—代理"模型的第一类最优解 $\{x^*, \sigma^*\}$ 应满足以下方程：

$$M'(x^*) = C'_a(x^*) \qquad (2.3)$$

$$\sigma^* = C_e^{-1}(0) \qquad (2.4)$$

证明：对联合收益公式（2.2）中的 x 取一阶导数，并使之为 0，可以得到：

$$\frac{\partial \Pi_M}{\partial_x} = M'(x^*) - C'_a(x^*) = 0, \text{ 即 } M'(x^*) = C'_a(x^*)。$$

由于 $\partial^2 M/\partial P_a^2$ 且 $\partial^2 c_A/\partial p_A^2 < 0$，$\frac{\partial^2 \Pi_M}{\partial P_a^2} = M''(P_a) - C_{''}a(Pa) < 0$。因此联合质量收益 $\Pi_M(x)$ 能在 x^* 处取到最大值。由于信息完全对称，主制造商能够直接、准确地观察到零部件的实际质量，不必投入质量检验成本，即 $C_e(\sigma^*) = 0$，$\sigma^* = C_e^{-1}(0)$。得证。

从公式（2.3）可以发现，当主制造商的边际质量收益等于供应商的边际质量成本时，第一类博弈均衡即可实现。因此主制造商可以为供应商设计如下"强迫"性合同。

定理 2.2：信息完全对称的情形下，为了诱使供应商提供最优质量 x^* 的产品，主制造商可设计质量报酬函数 $R(x)$ 如下：

$$R(x) = \begin{cases} B + C_a(x^*) + \overline{\Pi_S}, & |x - \varepsilon| \leq |x^* - \varepsilon| \\ \underline{\Pi_S}, & |x - \varepsilon| > |x^* - \varepsilon| \end{cases} \qquad (2.5)$$

其中 $\underline{\Pi_S} \ll B + C_a(x^*) + \overline{\Pi_S}$。

证明：由于主制造商需要诱使供应商提供质量为 x^* 的产品。如果主制造商观察到供应商提供产品的质量优于 x^*，即 $|x - \varepsilon| \leq |x^* - \varepsilon|$，便支付供应商质量报酬 $R(x) = B + C_a(x^*) + \overline{\Pi_S}$，这样供应商能够满足其机会收益并参与质量合作。否则，供应商只能得到收益 $\underline{\Pi_S}$。

由于 $\underline{\Pi_S}$ 远小于 $B + C_a(x^*) + \overline{\Pi_S}$，作为一个理性的供应商，他不会生产出质量低于 x^* 的产品来降低自己的合作收益。此外，由于供应商质量保障成本 $C_a(x)$ 是零部件质量 $d = |x - \varepsilon|$ 的减函数，为了减少生产成本，供应商也不会主动提供质量优于 x^* 的零部

件。因此设计质量报酬函数如公式（2.5）所示，可以在信息完全对称的情形下诱导供应商保障产品达到最优质量 x^*，进而确保主制造商实现最优收益 Π_M（x^*）。得证。

定理2.3：在第一类博弈均衡点 $\{x^*, \sigma^*\}$ 处，信息完全对称下的供应链质量收益 $\Pi = \Pi_M + \Pi_S$ 同样能达到最优。

证明：供应链质量收益可以表示为 $\Pi = \Pi_M + \Pi_S = M$（x）$- B - C_a$（x）。

对 x 求一阶导数并使之为0，可得：$\dfrac{\partial \Pi}{\partial x} = M'$（$x$）$- C'a$（$x$）$= 0$，即

$$M'（x）= C'_a（x） \tag{2.6}$$

由于主制造商能够直接观察到产品质量，因此 C_e（σ）$= 0$，即

$$\sigma = C_e^{-1}（0） \tag{2.7}$$

将公式（2.3）、公式（2.4）与公式（2.6）、公式（2.7）进行对比，可以发现在第一类博弈均衡点 $\{x^*, \sigma^*\}$ 处，供应链质量收益和主制造商合作收益都能够达到最优。得证。

对称信息下，主制造商和供应链之间的质量合作过程中不会存在道德风险。换言之，由于不存在私人隐匿信息，供应商无法凭借其质量信息优势获得额外收益，复杂产品供应链也不会面临由此造成的合作风险。当主制造商实现其最优收益时，供应商仅能获得其机会受益，供应链收益也能实现最优。

第五节　不对称信息下复杂产品供应链质量"委托—代理"均衡分析

一般情况下，零部件的质量保障成本（或产品实际质量）通常属于供应商的私人信息，主制造商只能通过质量检验方式获得较为准确的检测结果。然而，质量检验往往会存在偏差 σ，这取决于主制

造商的质量检验投资 $C_e(\sigma)$。因此，主制造商需要在合同中设计一些质量保障和激励策略，诱使供应商自发、主动地保障产品的最优质量。在本章研究中，主制造商的可控变量为用于质量激励的质量报酬函数 R 和用于质量惩罚的价格折扣 α。

一　合作双方期望收益分析

根据主制造商和供应商可能碰到的情形，本节用决策树模型描述合作双方可能获得的收益及其实现途径，如图2.5所示。此外，构建

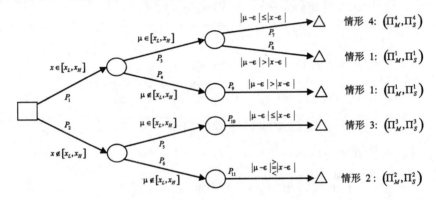

图 2.5　复杂产品质量合作决策树

双方的博弈分析矩阵如表2.1所示。

表 2.1　　　　　　主制造商与供应商质量合作博弈分析表

		供应商		
		$x \in [x_L, x_H]$		$x \notin [x_L, x_H]$
		$\|\mu - \varepsilon\| \leq \|x - \varepsilon\|$	$\|\mu - \varepsilon\| > \|x - \varepsilon\|$	
主制造商	$\mu \in [x_L, x_H]$	(Π_M^5, Π_S^5)	(Π_M^1, Π_S^1)	(Π_M^1, Π_S^1)
	$\mu \in [x_L, x_H]$	(Π_M^4, Π_S^4)		(Π_M^2, Π_S^2)

在图2.5中，$P.$ 指箭线的发生概率，例如 P_1 指 $\chi \in [x_L, x_H]$ 的概率。假设根据供应商生产类似产品的历史生产投资或生产经验可得零部件质量 x 的分布函数和概率密度函数分别为 $\Phi(x)$ 和

$\phi(x)$；根据主制造商质量检验历史成本数据或质检经验得到质检偏差 σ 的分布函数和概率密度函数分别为 $\Psi(\sigma)$ 和 $\psi(\sigma)$，可以得到图 2.5 中各箭线概率如下：

$$P_1 = P\{x \in [x_L, x_H]\} = \Phi(x_H) - \Phi(x_L) = \int_{x_L}^{x_H} \phi(x)\,dx \quad (2.8)$$

$$P_2 = P\{x \notin [x_L, x_H]\} = 1 - P_1 = \int_{x_L}^{x_H} \phi(x)\,dx \quad (2.9)$$

$$P_3 = P\{\mu \in [x_L, x_H] \mid x \in [x_L, x_H] \mid\}$$
$$= \frac{\int_{x_L}^{x_H} \phi(x)[\Psi(x_H - x) - \Psi(x_L - x)]\,dx}{\Phi(x_H) - \Phi(x_L)} \quad (2.10)$$

$$P_4 = P\{\mu \notin [x_L, x_H] \mid x \in [x_L, x_H] \mid\}$$
$$= 1 - \frac{\int_{x_L}^{x_H} \phi(x)[\Psi(x_H - x) - \Psi(x_L - x)]\,dx}{\Phi(x_H) - \Phi(x_L)} \quad (2.11)$$

$$P_5 = P\{\mu \in [x_L, x_H] \mid x \notin [x_L, x_H] \mid\}$$
$$= 1 - \frac{\int_{x_L}^{x_H} \phi(x)[\Psi(x_H - x) - \Psi(x_L - x)]\,dx}{1 - [\Phi(x_H) - \Phi(x_L)]} \quad (2.12)$$

$$P_6 = P\{\mu \notin [x_L, x_H] \mid x \notin [x_L, x_H] \mid\}$$
$$= 1 - \frac{1 - \int_{x_L}^{x_H} \phi(x)[\Psi(x_H - x) - \Psi(x_L - x)]\,dx}{1 - [\Phi(x_H) - \Phi(x_L)]} \quad (2.13)$$

$$P_7 = P\{|\mu - \varepsilon| \leq |x - \varepsilon| \mid \mu \in [x_L, x_H], x \in [x_L, x_H]\}$$
$$= \frac{P\{|\mu - \varepsilon| \leq |x - \varepsilon|, \mu \in [x_L, x_H], x \in [x_L, x_H]\}}{P\{\mu \in [x_L, x_H], x \in [x_L, x_H]\}}$$
$$(2.14)$$

$$P_8 = P\{|\mu - \varepsilon| > |x - \varepsilon| \mid \mu \in [x_L, x_H], x \in [x_L, x_H]\}$$
$$= 1 - P_7 \quad (2.15)$$

$$P_9 = P\{|\mu - \varepsilon| > |x - \varepsilon| \mid \mu \notin [x_L, x_H], x \in [x_L, x_H]\} = 1$$
$$(2.16)$$

$$P_{10} = P\{|\mu - \varepsilon| \leqslant |x - \varepsilon| | \mu \in [x_L, x_H], x \notin [x_L, x_H]\} = 1$$
$$(2.17)$$

$$P_{11} = P\{|\mu - \varepsilon| \gtrless |x - \varepsilon| | \mu \notin [x_L, x_H], x \notin [x_L, x_H]\} = 1$$
$$(2.18)$$

因此，上述质量合作过程中，各参与方的期望合作收益可表示为：$E(\prod \cdot) = P_1[P_3(P_7\prod^4 \cdot + P_8\prod^1 \cdot) + P_4 P_9 \prod^1 \cdot] + P_2[P_5(P_{10}\prod^3 \cdot) + P_6(P_{11}\prod^2 \cdot)]$。将四类情形下各方收益带入，主制造商和供应商的期望合作收益可以表示为：

$$E[\prod_M(x,\sigma)] = P_1 M(x) - (P_1 P_3 P_7 + P_2 P_5)R(\mu) - P_1(P_3 P_8 + P_4)R(x) - P_1(P_3 P_8 + P_4)(1 - \gamma)H - P_2 P_5(\eta + \lambda)C_r + P_2 P_6 U - C_e(\sigma)$$
$$(2.19)$$

$$E[\prod_S(x,\sigma)] = (P_1 P_3 P_7 + P_2 P_5)R(\mu) + P_1(P_3 P_8 + P_4)R(x) + P_1(P_3 P_8 + P_4)\gamma H - P_2 P_5(1 - \lambda)C_r - P_1 C_a(x) + P_2 P_6 W - B$$
$$(2.20)$$

二　Stackelberg 博弈及其均衡解

根据博弈双方的决策顺序，结合 Stackelberg 博弈模型分析不对称信息下复杂产品质量合作过程。供应商确定最优的质量保障投资 $P_a(x^{**})$，以实现自身最优期望收益 $e[\prod_S(X^{**}, \sigma)]$；主制造商根据供应商的选择 x^{**}，确定最优质检投资 $C_e(\sigma^{**})$，以获得其最优期望收益 $E[\prod_M(x^{**}, \sigma^{**})]$。

定理2.4：根据主制造商和供应商之间的 Stackelberg 博弈模型，第二类均衡解 $\{x, \sigma\} = \{x^{**}, \sigma^{**}\}$ 须满足以下等式：

$$(P_1 P_3 P_7 + P_2 P_5)R'(\mu) + P_1(P_3 P_8 + P_4)R'(x) - P_1 C'_a(x) + P_2 P_6[(1 - \alpha)R'(x) - C'_a(x)] = 0$$
$$(2.21)$$

$$P_1 \frac{\partial M}{\partial K}\frac{\partial K}{\partial \sigma} - (P_1 P_3 P_7 + P_2 P_5)\frac{\partial R}{\partial \mu}\left(\frac{\partial \mu}{\partial K}\frac{\partial K}{\partial \sigma} + 1\right) - P_1(P_3 P_8 + P_4)$$

$$\frac{\partial R}{\partial K}\frac{\partial K}{\partial \sigma} + P_2 P_6\left[\frac{\partial M}{\partial K}\frac{\partial K}{\partial \sigma} - (1-\alpha)\frac{\partial R}{\partial K}\frac{\partial K}{\partial \sigma}\right] - \frac{\partial Ce}{\partial \sigma} = 0 \qquad (2.22)$$

其中 K（$P.$，σ，α）是公式（2.21）的解。

证明：供应商将首先保证产品质量 x^{**} 以获得其最优期望收益 $E\left[\prod_S(x^{**}, \sigma)\right]$。由于箭线概率是 x 在确定区间上的定积分，$\partial P./\partial x = 0$。取 $\partial E\left[\prod_S(x, \sigma)\right]/\partial x = 0$，可得：$(P_1 P_3 P_7 + P_2 P_5)R'(\mu) + P_1(P_3 P_8 + P_4)R'(x) - P_1 C'_a(x) + P_2 P_6[(1-\alpha)R'(x) - C'_a(x)] = 0$ $\qquad (2.23)$

求解上式，可得供应商选择的最优产品质量 $x^{**} = K$（$P.$，σ，α，R），其中 K 是关于 $P.$，σ，α，R 的函数。

接下来，主制造商在供应商选择 x^{**} 的基础上，确定最优质检偏差 σ^{**}。将 $x = x^{**}$ 代入公式（2.20）并令 $\partial E\left[\prod_M(x^{**}, \sigma)\right]/\partial \sigma = 0$，可得：

$$P_1 \frac{\partial M}{\partial K}\frac{\partial K}{\partial \sigma} - (P_1 P_3 P_7 + P_2 P_5)\frac{\partial R}{\partial \mu}\left(\frac{\partial \mu}{\partial K}\frac{\partial K}{\partial \sigma} + 1\right) - P_1(P_3 P_8 + P_4)$$

$$\frac{\partial R}{\partial K}\frac{\partial K}{\partial \sigma} + P_2 P_6\left[\frac{\partial M}{\partial K}\frac{\partial K}{\partial \sigma} - (1-\alpha)\frac{\partial R}{\partial K}\frac{\partial K}{\partial \sigma}\right] - \frac{\partial Ce}{\partial \sigma} = 0 \qquad (2.24)$$

求解公式（2.24）可得最优质检偏差 $\sigma^{**} = 0$（$P.$，α，R，C'_e），其中 O 是关于 $P.$，α，R，C'_e 的函数。因此 $\{x, \sigma\} = \{x^{**}, \sigma^{**}\}$ 为双方质量合作 Stackelberg 模型的博弈均衡解。得证。

三　不对称信息下复杂产品质量合作"委托—代理"模型及参数设计

由于信息不对称，复杂产品质量合作中存在道德风险。假设合同中约定零部件质量标准为 $\{x_L, x_H, \varepsilon\}$ 和质量策略参数为 $\{\alpha, R, \lambda\}$，不对称信息下复杂产品质量合作委托—代理模型可表示如下：

$$\underset{\sigma,\alpha,R,\lambda}{maximize}E\left[\prod_M(x,\sigma,\alpha,R,\lambda)\right]$$

$$s.t.\begin{cases} E\left[\prod_S(x,\sigma,\alpha,R,\lambda)\right] \geqslant \overline{\prod_S}, (IR) \\ \partial E\left[\prod_S(x,\sigma,\alpha,R,\lambda)\right]/\partial x = 0, (IC) \end{cases} \qquad (2.25)$$

定理 2.5：模型（2.25）的最优解 $\{x, \sigma\} = \{x^{**}, \sigma^{**}\}$ 须满足下面等式：

$$M'(x) - C'_a(x) = 0 \qquad (2.26)$$

$$(P_1 + P_2 P_6)\left(\frac{\partial M}{\partial K}\frac{\partial K}{\partial \sigma} - \frac{\partial C_a}{\partial K}\frac{\partial K}{\partial \sigma} - C'_e(\sigma)\right) = 0 \qquad (2.27)$$

证明：根据模型（2.25），构建含有参数 a, b 的 Lagrangian 函数如下：

$$L = E(\textstyle\prod_M) + a\left[E(\textstyle\prod_S) - \overline{\textstyle\prod_S}\right] + b\left[\partial E(\textstyle\prod_S)/\partial x\right] \qquad (2.28)$$

其一阶最优条件为：

$$\frac{\partial L}{\partial \lambda} = -P_2 P_5 C_r + a(P_2 P_5 C_r) = 0 \qquad (2.29)$$

$$\frac{\partial L}{\partial \alpha} = P_2 P_6 R(x) + a[-P_2 P_6 R(x)] + b[-P_2 P_6 R'(x)] = 0 \qquad (2.30)$$

$$\frac{\partial L}{\partial R} = -(P_1 P_3 P_7 + P_2 P_5) - P_1(P_3 P_8 + P_4) - P_2 P_6(1-\alpha) +$$
$$a[(P_1 P_3 P_7 + P_2 P_5) + P_1(P_3 P_8 + P_4) + P_2 P_6(1-\alpha)] + b\{(P_1 P_3 P_7 +$$
$$P_2 P_5)\frac{\partial^2 R/\partial\mu^2}{\partial R/\partial\mu} + [P_1(P_3 P_8 + P_4) + P_2 P_6(1-\alpha)]\frac{\partial^2 R/\partial x^2}{\partial R/\partial x}\} = 0 \qquad (2.31)$$

在现实情形中，$P. \in (0, 1]$ 且 $Cr > 0$，根据公式（2.29）可知，$a = 1$。

将 $a = 1$ 代入公式（2.30），由于 $R' > 0$，$b = 0$，Lagrangian 函数可表示为：

$$L = (P_1 + P_2 P_6) \qquad (2.32)$$

令 $\partial L/\partial x = 0$，可得最优质量 x^{**} 需满足

$$\frac{\partial L}{\partial x} = (P_1 + P_2 P_6)[M'(x) - C'_a(x)] = 0 \rightarrow M'(x^{**}) - C'_a(x^{**}) = 0$$

由于主制造商在 x^{**} 的基础上确定最优质检偏差 σ^{**}，将 $x^{**} = K$ (P, σ, α) 代入公式（2.32）并令 $\partial L(x^{**})/\partial\sigma = 0$，可得最优质检偏差 σ^{**} 需满足 $(P_1 + P_2 P_6)\left(\dfrac{\partial M}{\partial K}\dfrac{\partial K}{\partial\sigma} - \dfrac{\partial C_a}{\partial K}\dfrac{\partial K}{\partial\sigma}\right) - C'_e(\sigma) = 0$。得证。

对比公式（2.26）和公式（2.30）可以发现，$x^{**} = x^*$。这就意味着如果主制造商能够合理地设计质量激励和保障策略，便消除了供应商不对称质量信息的不良影响和由此产生的道德风险问题。

定理 2.6：为了引导供应商自发、主动地保障零部件实现最优质量 x^{**}，主制造商可设计最优质量报酬函数 R^{**} 作为质量激励策略和最优价格折扣 α^{**} 作为质量惩罚策略，二者需满足下面等式：

$$\alpha^{**} = 1 + \frac{P_1(P_3 P_8 + P_4)}{P_2 P_6} - $$

$$\frac{(P_1 + P_2 P_6)M'(x) - (P_1 P_3 P_7 + P_2 P_5)R^{**\prime}(\mu)}{P_2 P_6 R^{**\prime}} \tag{2.33}$$

$$(P_1 + P_2 P_6)\frac{\partial C_a}{\partial K}\frac{\partial K}{\partial\sigma} - (P_1 P_3 P_7 + P_2 P_5)\frac{\partial R^{**}}{\partial\mu}\left(\frac{\partial\mu}{\partial K}\frac{\partial K}{\partial\sigma} + 1\right) - $$

$$\left[P_1(P_3 P_8 + P_4) + P_2 P_6(1 - \alpha)\right]\frac{\partial R^{**}}{\partial K}\frac{\partial K}{\partial\sigma} = 0 \tag{2.34}$$

证明：将公式（2.21）中 C_a' 代入公式（2.26），可得：

$$(P_1 + P_2 P_6)M'(x) - (P_1 P_3 P_7 + P_2 P_5)R'(\mu) - [P_1(P_3 P_8 + P_4) + (1 - \alpha)P_2 P_6]R'(x) = 0 \tag{2.35}$$

根据公式（2.35），可得 R^{**} 和 α^{**} 关系如下：

$$\alpha^{**} = 1 + \frac{P_1(P_3 P_8 + P_4)}{P_2 P_6} - $$

$$\frac{(P_1 + P_2 P_6)M'(x) - (P_1 P_3 P_7 + P_2 P_5)R^{**\prime}(\mu)}{P_2 P_6 R^{**\prime}}$$

将公式（2.22）中 $C_e'(\sigma)$ 代入公式（2.27），可以确定 (R^{**}, α^{**}) 须满足

$$(P_1 + P_2 P_6) \frac{\partial C_a}{\partial K} \frac{\partial K}{\partial \sigma} - (P_1 P_3 P_7 + P_2 P_5) \frac{\partial R^{**}}{\partial \mu} \left(\frac{\partial \mu}{\partial K} \frac{\partial K}{\partial \sigma} + 1 \right) -$$

$$[P_1(P_3 P_8 + P_4) + P_2 P_6(1 - \alpha)] \frac{\partial R^{**}}{\partial K} \frac{\partial K}{\partial \sigma} = 0 \text{。得证。}$$

由定理 2.6 可知,最优价格折扣 α^{**} 与最优质量报酬函数 R^{**} 的一阶导数间存在函数关系。联立求解公式(2.33)和公式(2.34),可以得到主制造商的最优质量激励策略 R^{**} 和最优质量惩罚策略 α^{**}。

定理 2.7:由于私人信息和道德风险的影响,不对称信息下的供应链最优期望收益 $E[\prod(x^{**}, \sigma^{**})]$ 必然低于对称信息下的供应链最优收益 $\prod(x^*, \sigma^*)$。

证明:对称信息和不对称信息下供应链质量收益可表示如下:

$$\prod(x^*, \sigma^*) = \prod_M(x^*, \sigma^*) + \prod_S(x^*, \sigma^*) = M(x^*) - B - C_a(x^*) \tag{2.36}$$

$$E[\prod(x^{**}, \sigma^{**})] = (P_1 + P_2 P_6)[M(x^{**}) - C_a(x^{**})] - [P_1(P_3 P_8 + P_4) + P_2 P_6]H - P_2 P_5(\eta + 1)C_r - (P_2 P_6 + 1)B - C_e(\sigma^{**}) \tag{2.37}$$

由于 $x^{**} = x^*$,两种情况下供应链质量收益之差可表示为:

$$\prod(x^*, \sigma^*) - E[\prod(x^{**}, \sigma^{**})] = [1 - (P_1 + P_2 P_6)]$$

$$[M(x^*) - C_a(x^*)] + [P_1(P_3 P_8 + P_4) + P_2 P_6]H +$$

$$P_2 P_5(\eta + 1)C_r + P_2 P_6 B + C_e(\sigma^*) \tag{2.38}$$

作为理性的合作方,主制造商必然从合作中获得收益,即 $\prod(x^*, \sigma^*) \geq 0$,$M(x^*) \geq C_a(x^*)$。由于 $P. \in (0, 1]$ 且 $P_1 + P_2$,$1 - (P_1 + P_2 P_6) \geq 0$,$\prod(x^*, \sigma^{**})]$。得证。

由于不对称信息增加了供应链中的合作风险,主制造商无法直接观测零部件实际质量,必然采取一定手段控制合作风险,相对于对称信息下势必引发许多附加成本,如质检成本 $C_e(\sigma)$、专业质检费用 H 以及外部质量损失 $(\lambda + \eta)C_r$ 等。对于主制造商而言,需要优选信誉好的供应商作为自己的战略合作伙伴并建立完善的质量信息系统，实现及时、准确地掌控外购部件的质量水平，这对控制质量合作风险显得尤为重要。

第六节　应用研究

某商用飞机公司为研制新机型向某航空发动机公司订购了 6 台某型号航空发动机。由于属于小批量订购且质量关键程度极高，该批次发动机在交货时将接受主制造商严格的质量全检。参照设计部门的反馈意见，选取最大推力（单位：千磅）作为衡量该型号发动机的一个关键质量指标。根据三次设计结果，主制造商针对最大推力提出的质量标准为 $x \in [27, 34]$，其中最优质量目标值为 $\varepsilon = 34$。由于属于小批量订购，故选取广义质量距离 $d = \varepsilon - x = 34 - x$ 表征每台发动机的实际质量水平。本例涉及所有价格数据经过加密处理且以千美元为度量单位。

通过对发动机公司旗下类似发动机的历史质量数据进行曲线拟合，可确定该型号发动机最大推力实际表现值 x 可近似服从分布

$$\phi(x) = \begin{cases} \dfrac{1}{\ln 3 \ (x-20)}, & x \in [25, 35] \\ 0, & else \end{cases}$$

。根据市场调研结果和供应商生产经验，确定供应商生产每台发动机的机会收益 $\overline{\prod_s} = 100$，固定生产成本 $B = 500$，变动生产成本 $C_a(x) = \begin{cases} 100x, & x \in [27, 35] \\ 0, & else \end{cases}$。

通过对主制造商的历史质检数据进行曲线拟合，可得到主制造商的检验误差近似服从分布 $\psi(\sigma) = \begin{cases} \dfrac{1}{18}\sigma^2, & \sigma \in [-3, 3] \\ 0, & else \end{cases}$。根据产品设计部门提供的系统设计相关数据可得主制造商的质量增值收益函数为 $M(x) = 500 + 3200\ln x$，质量检验成本 $C_e(\sigma) = 20 - 3\sigma^2$。

参照目前通用的发动机采购合同和专家主观经验，设计质量支付函数为 $R(\hat{x}) = 200 + a\hat{x}$，$a > 0$，其中 a 为待确定的质量奖励参数。此外，暂定外部质量损失加成系数 $\eta = 6$。此外，参考以往合作经验，确定维修损失分摊参数 $\gamma = 0.5$，专业质量检验费用 $H = 20$，平均维修成本为 $C_r = 10$。

基于上述分析，主制造商需要在合同中设计的质量奖惩参数为质量报酬函数 R 中参数 a（一阶导数 R'）和不合格品的价格折扣 α。根据公式（2.8）至公式（2.18），可计算箭线概率如下：$P_1 = 0.6937$，$P_2 = 0.3063$，$P_3 = 0.7112$，$P_4 = 0.2888$，$P_5 = 0.4591$，$P_6 = 0.5409$，$P_7 = 0.5026$，$P_8 = 0.4974$，$P_9 = P_{10} = P_{11} = 1$。

根据公式（2.19）、（2.20），合作双方期望收益可表示为：

$$e\left[\prod_M(x,\sigma)\right] = 0.6937(500 + 3000\ln x) - 0.3886[200 + a(x + \sigma)^2] - 0.4457(200 + ax^2) - 4.457 - 1.406(6 + \lambda) + 0.1657[500 + 3200\ln x - (1-\alpha)(200 - ax^2)] - (20 - 3\sigma^2)$$

$$E\left[\prod_S(x,\sigma)\right] = 0.3886[200 + a(x + \sigma^2)] + 0.4457(200 + ax^2) + 4.457 - 1.406(1 - \lambda) - 69.37x + 0.1657[(1-\alpha)(200 + ax^2) - 500 - 100x - 20] - 500$$

根据定理2.4，博弈均衡解 $\{x^{**}, \sigma^{**}\}$ 可根据下式求出：

$$\frac{\partial E\left[\prod_S(x,\sigma)\right]}{\partial x} = 0 \rightarrow x^{**} = \frac{42.97 - 0.3886a^{**}\sigma}{(1 - 0.1657\alpha^{**})a^{**}} \tag{2.39}$$

$$\frac{\partial E\left[\prod_M(x^{**},\sigma)\right]}{\partial \sigma} = O(a^{**}, \alpha^{**}, \sigma^{**}) = 0 \tag{2.40}$$

由定理2.5，构建 Lagrangian 函数如下：

$$L = E\left[\prod_M(x,\sigma)\right] + E\left[\prod_M(x,\sigma)\right] = 2750.08\ln x - 85.94x + 3\sigma^2 - 286.226 = 0。$$

一阶最优条件为：

$$\frac{\partial L}{\partial x} = 0 \rightarrow x^{**} = 32 \tag{2.41}$$

$$\frac{\partial L}{\partial \sigma} = -1068.6811 \frac{a^{**}}{42.97 - 0.3886a^{**}\sigma^{**}} + 33.3962$$

$$\frac{1}{1 - 0.1657\alpha^{**}} + 6\sigma^{**} = 0 \tag{2.42}$$

联立方程（2.39）和（2.42），可得最优均衡解 $\{x^{**}, \sigma^{**}\} = \{32, 0\}$。此情况下，主制造商能够获得最优的质量合作收益。此外，质量控制参数 $a^{**} = 3.2201$，$\alpha^{**} = 3.5187$。通过分析本案例求解过程及最优解，可得如下重要结论：

（1）本书方法更适用于案例中发动机的小批量订购模式，能够很好地弥补现有方法的应用盲区和局限。由于本案例中发动机为小批量订购且需要接受质量全检，现有基于大样本概率型质量参数和质量抽检的合同设计方法便失去了应用条件和表征效力。本书以广义质量距离反映发动机的质量水平，并以检验偏差距离体现主制造商的质量检验能力，不仅可以很好地弥补现有方法的不足，而且为复杂产品小批量订购模式下合同设计问题提供了一套新的分析思路和解决方案。

（2）质量奖惩参数设计科学合理，能够确保实现较好的质量激励和保障效果。设计最优质量激励参数 $a^{**} = 3.2201$ 时，可以满足质量报酬函数 $R(\hat{x})$ 的一阶导数 $\partial R^{**}(\hat{x})/\partial\hat{x} = 2a^{**}\hat{x} > 0$。这意味着质量报酬函数 $R(\hat{x})$ 能够诱使供应商自发、主动地提高发动机质量水平，以获得更多的质量收益。此外，由于质量惩罚系数 $\alpha^{**} > 0$，如果某台发动机被认定不符合质量标准，供应商不仅将无偿提供通过专业质量检验的替代产品，还将赔付主制造商违约赔偿金 $(\alpha^{*} - 1)R(x^{**})$。如此高额的质量惩罚策略能够威慑供应商提供符合质量标准的产品。

（3）主制造商通过设计最优质量奖惩参数能够积极有效地实现其最优质量收益，最大程度降低不对称信息所带来的合作风险。由定理2.1可知，在最为理想的对称信息下，发动机最优质量水平为 $x^{*} = 32$。而在现实的不对称信息环境中，如果主制造商在合同中设计质量奖惩参数（如最优方案所示），供应商在追求自身收益最大化的过程中将自发地保障实现发动机最优质量水平 $x^{**} = x^{*} = 32$，进而实现主制造商和供应链的最优合作收益。上述效果分析表明，最优方案下质量奖惩参数能够有效地规避和消除供应链中不对称质量信息对主制造商带来的不良影响及由此产生的道德风险，进而保证合作双方实现共赢。

本 章 小 结

复杂产品供应链质量管理是质量管理领域中的一个重要问题。为了能在小批量订购环境中有效地对零部件质量实现事前控制，主制造商需要在合同中设计一系列质量激励和保障条款，尤其是在不对称信息影响下，诱使供应商自发地保障产品的最优质量。由于复杂产品零部件订购往往是小批量定制，概率型质量指标就不能用于描述该批次产品的整体质量，主制造商也会对该批次零部件进行全检，这与传统的大规模生产系统质量管理模式截然不同。

本章结合"委托—代理"理论，研究复杂产品供应链质量合作的合同设计问题，以主制造商的视角在小批量订购环境中设计外购产品质量激励和保障策略，最大限度地确保供应链质量收益。本章的研究结果能够帮助主制造商尽可能消除供应链中不对称信息对供应链收益的影响，确保供应商在追求自身最大化收益的同时，自觉保障产品的最优质量，以实现供应链收益最大化。

第三章

复杂产品合同谈判过程质量冲突
分析及解决方案设计研究

由于单件定制或小批量生产等特点，复杂产品的研制过程中往往没有较丰富的历史生产经验可以遵循，主制造商对外购产品（包括系统、零部件、机体等）的质量要求也缺乏现成资料可以参考。由于各方参与供应链质量合作的动机和企业运作模式各不相同，主制造商和供应商在合同洽谈阶段就外购产品的质量要求可能存在着不同的理解和认识，双方就外购产品的质量要求和购买价格之间往往在短时间内存在一定的争议。因此，合同谈判阶段初期双方容易对合同中的质量标准问题产生冲突，严重情形下甚至会导致谈判破裂。作为一个多主体协同生产的合作联盟，复杂产品供应链中各成员均希望能够通过参与复杂产品供应链质量合作获得更多的经济和社会效益。因此，主制造商需要对合同谈判阶段的质量冲突问题有着整体性的把握和控制，了解冲突的发展态势和未来可能达到的状态。不仅如此，主制造商需要设计一套质量冲突解决方案，通过"质量合作收益分配"（即针对具备一定质量的产品，合理地确定支付价格或合同标底）这一经济手段化解合同谈判过程的质量冲突，实现供应链质量合作共赢乃至多赢，进而有效地建立并维持长期的质量合作。针对复杂产品合同谈判过程可能出现的质量冲突，本章将 Petri 网作为图论模型引入冲突分析理论，通过探求其内部均衡状态，分析复杂产品合同谈判过程中质量冲突的发展态势和可能达到的均衡状态；研究不确定信息下复杂产品供应链质量合作过程的收益分配问题，通过设计灰色 Shapley 模型确定参与方的合作收益，确定主制造商对外购产品的支付价格，以经济手段作为上述质量冲突的解决方案，以确保合作各方能够积极、有效地参与复杂产品供应链质量合作。

第一节 问题描述

在复杂产品供应链质量合作中，由于进行了战略性资源整合，供应链中各企业根据其核心竞争力开展专业化生产，理论上能够产生共赢的协同效应。然而在复杂产品及其外购系统、零部件的研制过程中，无论主制造商还是供应商，均无法参考丰富的生产经验和充足的历史数据来直接确定产品的质量要求和成交价格。在复杂产品合同谈判过程中，尤其是初期洽谈阶段，双方在产品质量和购买价格之间通常会进行激烈的洽谈和磋商。在上面的博弈过程中，双方容易就产品质量标准存在争议冲突。例如，主制造商希望供应商提供较高质量的产品，而供应商认为在目前购买出价下只能提供具备基本令人满意质量的产品。复杂产品合同谈判过程的质量冲突便由此形成。如果处理不当，质量谈判将陷入僵局，甚至面临合作流产的境地。这样一来，主制造商的生产计划会受到一定的影响，甚至会妨碍到未来市场开发工作的顺利开展。因此，主制造商需要研究复杂产品合同谈判阶段可能出现的质量冲突问题，分析质量冲突的现状，主动地分析、预测冲突的未来发展态势和可能达到的均衡状态，确保自己在合同谈判阶段处于主动地位。

同时，复杂产品供应链质量合作过程的各潜在参与方均存在着自己的机会收益，即凭借自身声誉和地位，通过出售具备一定质量水平的产品在市场上所能获得的最高收益。一般而言，只要主制造商提供的合作收益不低于其机会收益，理性的供应商便会选择参与复杂产品的质量合作过程，以获得更多的经济收益。在谈判过程中，供应商的机会收益往往属于私人信息，主制造商不能完全得知其具体数值，只得通过搜集相关市场信息估计其大致范围。因此，主制造商需要在不确定信息下，通过设计供应链质量合作过程的收益分配方案（购买支付），确定对供应商产品的购买标底或支付价格。凭借上述经济手段解决复杂产品合同谈判过程的质量冲突，确保各参与方能够积极地参与复杂产品供应链质量合作。该问题属于合作博弈范畴，主制造商需要根据潜在参与人对供应链整体质量的贡献程度确定其应得的合作收益（合同收益）。当参与人数量增加时，联盟整体的质量收益不会降低。

在合作博弈的诸多算法中，Shapley 值法是最常用的解法，可用于为合作参与人分配收益。1953 年，学者 Shapley 基于三类基本假设设计了这种算法。然而 Shapley 值法只适用于经典合作博弈理论，并不能完全适用于具备很多限制约束的实际问题。这也在一定程度上促使众多研究人员致力于开展不确定情形下的收益分配问题研究。例如，有人研究具有模糊收益函数的合作博弈问题。马雷斯（Mares）拓展了不确定 Shapley 值法并考虑了不确定参与参数，然而他并没有给出具体的分配建议。陈雯基于不确定数学方法设计了符合有效性、对称性和可加性的模糊 Shapley 法，但是他所提出来的不确定数据仅适用于极其严格的条件。黄（Huang）将联盟收益视为区间数并构建了 α 型合作博弈，设计模糊 Shapley 分配不确定收益。苏拉吉特（Surajit）则深入分析了具有不确定联盟和不确定收益信息的合作博弈问题。

第二节 复杂产品合同谈判过程质量冲突 Petri Net 模型研究

由于复杂产品的客户个性定制化程度极高，主制造商缺乏现成的生产经验和丰富的历史数据参考。由于复杂产品生产研制过程通常持续时间较长，供应商往往无法准确估计在生产过程中的不可预料风险和不可抗力，如原料供应紧张、自然灾害、战争和罢工等。在复杂产品合同谈判过程中，双方极易就产品质量要求产生分歧和意见冲突。如果上述矛盾不能很好地解决，将极大地影响复杂产品供应链的组织和设计工作，甚至会妨碍到复杂产品生产计划的展开和市场开拓计划。因此，复杂产品主制造商需要对合同谈判过程可能出现的质量冲突进行全盘把握，分析本阶段质量冲突现状、原因和参与人偏好等问题，探寻质量冲突的未来发展态势和可能达到的结果。通过开展上述研究，主制造商能够在合同谈判过程中处于主动地位，为化解质量冲突和有针对性地设计争议解决方案打下坚实的理论基础。

一　质量冲突分析的 Petri Net 模型框架设计

传统的冲突分析图论模型可以视为一个包含四部分的要素集合：$[N, S, (A_i)_{i \in N}, (>_i, \sim_i)_{i \in N}]$指参与冲突的决策者（DMs）集合，而且冲突方的数目不得小于两个。S指冲突状态集合，一般而言，状态数应不小于 2 个。假设所有冲突方可供选择的策略选择集合为$\{c_1, c_2, \cdots, c_n\}$，$c_j \in \{0, 1\}$，$j \in n$，则由双方选择状态而可能出现的冲突状态数目为$2^n$。对于冲突方$i \in N$，$S$，$A_i$组成了决策者$i$的图论模型，其中$S$表示冲突状态集合，$A_i$表示图论模型中连接各状态的边集合。二元算子$>_i$，$\sim_i$代表决策者$i$对于各冲突状态的主观偏好。假设$R_i(S)$是冲突方$i$在状态$S$处的收益，对于状态$s$，$t \in S$，如果$s >_i t$，那就意味着相对于状态$t$，决策者$i$更偏好状态$s$，即$R_i(s) > R_i(t)$；如果$s \sim_i t$，则意味着决策者$i$认为状态$s$和状态$t$差不多，即$R_i(s) = R_i(t)$。

Petri Net（PN）是由卡尔·皮特里（Carl A. Petri）博士于 1962 年在其博士毕业论文中首次提出来的，是可用于描述系统演化过程的一类符号化、可视化、结构化图论分析模型。此外，Petri Net 不仅可以描述可能出现的状态和事件，还可以根据需要建立连续变量动态系统（Continuous variable dynamic system，CVDS）的方程表达式。由于上述优势，Petri Net 被认为是一种能够有效描述、分析和控制离散事件系统（Discrete event systems，DES）的图论模型。

为了将 Petri net 用于分析一个冲突过程，一类新型基于 Petri net 的冲突分析模型（Petri net for conflict analysis，PNCA）可设计如下：

定义 3.1：PNCA 共含 5 类参数 (P, T, I, O, Λ)，其中 P，T，I，O，Λ 分别指系统节点、变迁、输入矩阵、输出矩阵和偏好信息，各要素具体信息如下：

（1）节点表示冲突中可能出现的状态，可以用○表示。假设所有冲突方可供选择的策略选择集合为 $\{c_1, c_2, \cdots, c_n\}$，$c_j \in \{0, 1\}$，$j \in n$，则可能出现的节点总数为 2^N。然而在许多情形下，一些节点是不可行的，可以适当省略或忽略。例如某决策者 i 拥有 c_i 种选择，但这些选择是不能同时成立的，决策者每次只能选择其中一种选择。这种情形下，就只剩下 c_i 种备选方案，$2^{c_i} - c_i$ 个节点可以省略。

（2）变迁用于表示参与人某种决策行为的发生情况，可用■来表示。如果冲突方 i 发现从状态 t 转移到 s 能够获得更多的收益，即 $s >_i t$，则所对应的变迁将会被激发。如果冲突方 i 感觉状态 s 和状态 t 处收益差不多，即 $s \sim_i t$，则对应的变迁可能被激发。

（3）输入函数是指从状态 P 到变迁 T 的有向弧个数，可以表示为 $I : P \times T \rightarrow Z$，其中 $Z = \{0, 1, \cdots\}$。

（4）输出函数是指从变迁 T 到状态 P 的有向弧个数，可以表示为 $O : T \times P \rightarrow Z$，其中 $Z = \{0, 1, \cdots\}$。

（5）偏好信息指决策者 i 对不同状态的喜好程度，一般可用收益的大小关系来表示。偏好信息直接决定着决策者是否愿意进行状态转移，可以表示为 $\Lambda = \{>_i, \sim_i, \lhd_i\}$。由于偏好信息直接决定着变迁的激发，$>_i$，$\sim_i>$ 和 $\triangleleft_i$ 分别对应变迁肯定激发、可能激发或不激发。

二　PNCA 模型的生成算法

定义 3.2：对于决策者而言，如果通过状态移动能够获得更多的收益，则该移动可以称为该决策者的单方面改进（unilateral improvement，UI）；如果能从某状态移动到另一状态，则该移动称为决策者的单方面移动（unilateral move，UM）

根据定义 3.1 不难发现，PNCA 模型用于描述决策者的单方面改进路线和单方面移动路线。对于动态博弈而言，决策者往往存在移动顺序，即某决策者将首先判断从起始状态 S^0（$S^0 \in S$）移动到另一状态，接下来再由其他决策者进行选择。PNCA 模型中的可行状态均是某决策者可能移动的目的节点，任一有向弧均表示某决策者确保其收益不会减少的可行选择。假设博弈的起始节点为 S^0 且决策者 i（$i \in N$）首先做决策，所有决策者总计移动 h（$h = 1$，2，$\cdots$）步以后的节点集合和变迁集合分别为 P^h 和 T^h，决策者 i 的第 m（$m = 1$，2，$\cdots$）个出现的变迁为 t_i^m，则 PNCA 的生成算法可总结如下：

步骤 1：决策者 i 决定是否需要从起始节点 S^0 移动到另一可行节点。如果存在节点 α，（$\alpha \neq S^0$，$\alpha \in S$），使得 $R_i(\alpha) \geqslant R_i(S^0)$ 成立，则决策者 i 为了获得更多的收益，会选择从节点 S^0 移动到节点 α。这种情形下，$P^1 = \{S^0, \alpha\}$，$T^1 = \{t_i^1\}$。如果决策者 i 认为移动可能带来收益减少，$R_i(\alpha) < R_i(S^0)$，他会放弃移动到新节点。这种情形下，$P = S^0$，$T = \emptyset$。

步骤 2：由于决策者不能连续移动 2 次（因为在前 1 次移动中可到达移动 2 次的目的节点），需要决策者 j（$j \neq i$，$j \in N$）决定是否移动。假设存在状态 β（$\beta \neq \alpha$，$\beta \in S$），使得 $R_j(\beta) \geqslant R_j(\alpha)$ 成立。决策者 j 可以选择从节点 α 移动到节点 β，以获得更多的收益。如果 $R_j(\beta) < R_j(\alpha)$，则停止运算。此时，令 $\alpha = \beta$，$i = j$，并更新 P^h

和 T^h。

步骤 3：继续步骤 2 直至 $P^h = P^{h-1}$ 且 $T^h = T^{h-1}$，停止运算并输出 PNCA。

基于上述思想，设计 PNCA 生成算法流程图如图 3.1 所示。

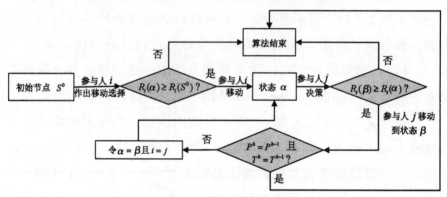

图 3.1   PNCA 生成算法流程图

三   基于 PNCA 模型的复杂产品合同谈判过程质量冲突均衡分析

假设决策者 i $(i \in N)$ 从节点 k 的单方面改进和单方面移动分别为 S_i^+ (k) 和 S_i (k)，现介绍两类常用的稳定概念如下：

定义 3.3（Nash stability）：$\forall_i \in N$，对于决策者 i 而言，如果 S_i^+ $(k) = \emptyset$，则节点 k 处为决策者 i 的 Nash stable 或 individual rational（R）。

在 Nash stable 下，决策者认为他选择的节点就是最终节点。为了避免收益损失，他不愿意移动到其他状态。

定义 3.4（General metarationality）：$\forall_i \in N$，对于决策者 i 而言，如果每一个 $k_1 \in S_i^+$ (k)，均有至少存在另一状态 $k_2 \in S_j$ (k_1)，使得 R_i $(k_2) \leq R_i$ (k)，则节点 k 处为决策者 i 的 general metarational（GMR）。

在 general metarational 下，决策者认为其他参与人会针对其选择采取报复措施并降低他的收益。因此，可能会导致报复的状态就是稳定状态。

在复杂产品合同谈判过程中，主制造商和供应商均是理性的博弈参与人方，均期望通过做出正确选择或移动到某状态节点获得额外的合作收益。换言之，如果发现在临近节点处可能会导致其合作收益减少，他们便不愿意做出妥协并做出移动决策，该点则是各合作方的均衡状态。基于上述分析，复杂产品合同谈判过程的 PNCA 模型均衡解可归纳如下：

定理 3.1：假设存在某 PNCA 模型包含诸多链条或路径 λ_i（$i = 1, 2, \cdots$），PNCA 模型均衡解可在每条路径的终止节点获得。

证明：假设决策者 i 在某链条最终节点 k 处进行决策，根据上节的 PNCA 生成算法，当决策者 i 发现不存在下游节点能使其收益增加，即 $S_i^+(k) = \emptyset$。作为理性的合作方，他不乐意从当前节点离开，该终止节点处即可实现 Nash 稳定。得证。

四　复杂产品合同谈判过程的质量冲突分析应用研究

某商用飞机制造有限公司（主制造商 M）与某机体供应商（S）对飞机水平尾翼准备开展质量合作。由于刚成立不久，主制造商缺乏对外购产品质量标准全面、准确的把握，只得遵循"打造国际一流干线飞机"的理念，在合同谈判中向供应商提出较高的质量标准。受 2008 年某地区地震的影响，机体供应商的部分厂房和高精度设备遭受了严重的损坏，使机体供应商不能预测未来可能存在的质量风险，在短时间之内可能无法实现较高质量标准。因此，供应商希望能够适当将质量要求降低至可接受质量水平，以保证正常合作。然而这种要求是主制造商不乐意接受的，关于外购产品质量的冲突便由此形成。双方的上级主管部门工业和信息化部（A）希望双方能够和谐地进行谈判解决上述争议，甚至愿意出面协调并承诺为双方提供部分政策优惠以解决双方在质量标准上的争议。具体而言，供应商可采用以下三类行动，即提出适当降低产品质量标准（c_1）、维持产品较高的质量标准（c_2）和终止谈判（c_3）；主制造商有两种备选策略，即接受产品（c_4）和停止订购（c_5）；工信部可以选择是否出面协调（c_6）。由上述分析可知，各方可能采取的行动都可能导致上述质量冲突到达不同状态。

由于存在 3 个决策者和 6 类选择，可能出现的状态数目共有 $2^6 = 64$。然而，各决策者每次同时只能选择 1 种策略。此外，如果供应商选择终止合同（c_3），谈判便宣告结束，工信部也没有协调的必要。因此，仅存 11 种可行的决策状态，如表 3.1 所示。根据调研信息，可得各决策者对所有状态的偏好信息，如表 3.2 所示。

表 3.1　　　　　　　　双方谈判过程中质量冲突的可行状态

	状态序号	1	2	3	4	5	6	7	8	9	10	11
供应商	降低质量标准（c_1）	N	Y	N	Y	N	Y	N	Y	N	Y	—
	维持高质量水平（c_2）	N	N	Y	N	Y	N	Y	N	Y	N	—
	终止协商（c_3）	N	N	N	N	N	N	N	N	N	N	Y
工信部	出面协调（c_4）	N	N	N	Y	Y	Y	Y	N	Y	N	—
主制造商	购买零部件（c_5）	N	N	N	N	Y	Y	Y	Y	N	N	—
	终止订购（c_6）	N	N	N	N	N	N	N	N	N	Y	—

表 3.2　　　　　　　　决策者对各状态的主观偏好排序

参与人	状态偏好排序（从最高偏好到最低偏好排序）
供应商	（6—8）>（1—2—4）>（3—5）>（10—11）>（7—9）
工信部	（6—7）>（8—9）>（1—2—3—4）>5>（10—11）
主制造商	9>7>8>5>4>3>（1—2—10—11）>6

假设 $p_i(s_j)$ 表示状态 s_j 上第 i 次出现的节点，$t_m(c_n)$ 为表示策略 c_n 第 m 次出现的变迁。上述质量冲突过程的 PNCA 模型生成过程可总结如下：

（1）当主制造商提出较高质量标准后，供应商根据自身情况，需要首先判断是否需要从初始状态1移动到其他状态。对于供应商而言，状态1可以移动至2个下游状态：状态2和状态3。根据供应商对各状态的主观偏好可得 $2 \sim S$ 和 $1 >_S 3$。因此，供应商会选择移动至状态2并且不会移动到状态1，如图3.2中a部分所示。

（2）由于同一决策者不能连续移动2次，在状态2处，主制造商或工信部需要进行决策。如果工信部进行决策，由于唯一的下游状态4处 $2 >_A 4$，工信部则不会选择移动至状态4。如果主制造商进行决策，由于 $6 >_M 2$ 和 $10 \sim_M 2$，主制造商可以选择移动至状态10，如图3.2中部分b所示。

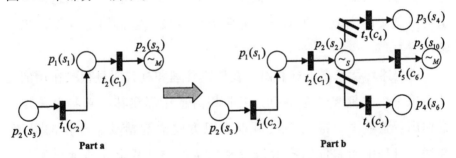

图3.2　复杂产品谈判过程质量冲突的 PNCA 模型生成示意图

（3）继续上述生成过程直至没有新节点和新变迁出现，可以得到最终的 Petri net 模型如图3.3所示。

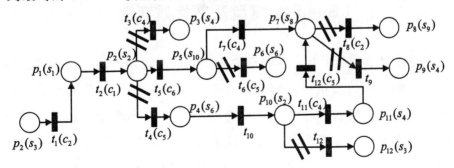

图3.3　应用最终 PNCA 模型

（4）根据图3.3所示最终 PNCA 模型不难发现，该模型中所有链条共有三个终止节点，分别为 p_2，p_8 和 p_{10}。因此该质量冲突共有以下三个均衡状态。

① 均衡状态 1（节点 p_2）。在节点 p_2 处，供应商期望适当降低质量标准，主制造商不同意。由于双方均知道工信部可能会协调此纠纷，如果没有严格的时间限制，主制造商将在一定时间内等待工信部的进一步活动。

② 均衡状态 2（节点 p_{10}）。在节点 p_{10} 处，如果工信部不出面协调质量纠纷，主制造商将拒绝供应商降低质量标准的要求，即不再向该机体供应商订购具有较低质量的产品。

③均衡状态 3（节点 p_8）。如果工信部出面协调，主制造商可以适度降低质量标准，以在未来运营中从上级主管部门处获得优惠政策和收益。

从上述均衡状态不难看出，在两级管理和具有明显行政作用的上述商用飞机质量合作应用中，工业和信息化部在其中起着至关重要的作用。上级主管部门不仅可以为双方建立起洽谈、合作的渠道，在谈判过程中更是能够有效地缓和质量冲突，从全局角度出发督促双方搁置分歧，确保商用飞机研制项目能够顺利、平稳地运行。

第三节　复杂产品供应链质量合作过程的灰色 Shapley 模型及其性质研究

根据上节分析可知，主制造商和供应商在复杂产品合同谈判过程中就外购产品的质量标准容易存在分歧和争议。在很多情况下，双方均不愿做出妥协和让步。在没有第三方机构协调的情形下，谈判极易陷入僵局，甚至走向破裂。在复杂产品质量合作过程中，作为理性的参与人，只要能够获得大于其机会收益的合作利益，供应商便会乐意地参与到复杂产品质量合作之中。

在实际供应链质量合作中，供应商的机会收益往往属于各自的私人信息，主制造商无法判断其精确数值，只得通过市场调研等手段大致判断其分布范围。因此，主制造商需要在考虑不确定收益信息的情况下分析复杂产品供应链质量合作过程的利益分配问题，并以此作为主要的经济手段，为合同谈判过程中出现的质量冲突问题设计合理的冲突解决方案。

在合作博弈收益分配的诸多算法中，Shapley 值法是最常用的解法，已广泛应用于实际问题之中。为了与后文提及考虑不确定信息下的 Shapley 模型进行对比，本节首先介绍经典 Shapley 模型的基本定义。假设存在合作博弈 (N, v)，其中参与人集合 $N = \{1, 2, \cdots, n\}$，v 为 N 内元素所有子集 $P(N)$ 的映射集合，则 $v: P(N) \rightarrow R$ 将满足以下两类规则：（1）$v(\emptyset) = 0$；（2）如果 $S, T \in P(N)$ 且 $S \cap T = \emptyset$，$v(S \cup T) \geqslant v(S) + v(T)$。换言之，$n$ 的子集 S 可以理解为某一联盟，映射 v 可以理解为各联盟的收益函数。为了方便与后文进行对比，本章将经典 Shapley 问题定义为 $G_0(N)$。

在经典合作博弈 $G_0(N)$ 中，如公式（3.1）所示，存在 Shapley 函数 $\Psi[G_0(N)] \rightarrow (R^n)^{P(N)}$。该函数满足有效性、对称性和可加性原理。

$$\Psi_i(v) = \sum_{S \subseteq N} \gamma_S (v(S) - v(S \setminus \{i\})), \forall_i \in N \tag{3.1}$$

其中 $\Psi_i(v)(i = 1, 2, \cdots, n)$ 被称为合作收益的 Shapley 值，$\gamma_S = \dfrac{(n-s)!(s-1)!}{n!}$ 指参与人 i 在不同联盟中的存在概率，s 指联盟 S 中参与人数目，n 为博弈方总数。

一　复杂产品质量合作的灰色合作博弈过程及灰色 Shapley 模型

由于复杂产品供应链中不对称信息的影响，主制造商往往不能完全掌握供应商（联盟）的支付映射 v，只得通过调研近似估计联盟收益的大致范围。本章将这种不确定的联盟收益信息描述为区间灰数。

因此，复杂产品供应链质量合作是一类灰色合作博弈问题 (N, v')，其中 v' 是全部参与人 N 中任意子集 $P(N)$ 的灰支付函数，可用区间灰数集合 ξ 表示，即 $v' = \otimes : P(N) \to \xi$，并且 $v'(\emptyset) = \otimes_\emptyset = 0$。灰支付函数 $v'(S) = \otimes_S \in [\underline{A_S}, \overline{A_S}]$ 指合作联盟 $S \in P(N)$ 的灰期望收益的取值范围，其中 $\overline{A_S}$ 和 $\underline{A_S}$ 指质量联盟 S 的最大和最小合作收益。因此，复杂产品供应链质量合作过程的灰色合作博弈 $G_g(N)$ 可以看作一类考虑参与人或合作联盟不确定收益的合作博弈模型。

定义 3.5：对于灰色合作博弈 $G_g(N)$，如果 $\forall T \in P(N)$ 和 $S \in P(N)$ 满足 $v'(T) = v'(T \cap S) + \sum_{i \in S \setminus N} v'(i)$，$S$ 可以成为 $G_g(N)$ 的一个承载。

定义 3.6：对于灰支付函数 $v' \in G_g(N)$，灰色 Shapley 函数 $\Psi'(v') : G_g(N) \to (\Psi^n)^{P(N)}$ 满足如下公理：

（1）有效性公理：如果存在载荷 S，$\sum_{i \in N} \Psi'(v') = v'(s) = \otimes_S \in [\underline{A_S}, \overline{A_S}]$。如果 $i \notin S$，$\Psi_i(v') = 0$。

（2）对称性公理：如果合作博弈中存在某参与方 $i \in N$，π 为 N 上的任意转换，$\Psi'_{\pi(i)}(v'(N)) = \Psi_i'(v'(N))$，$\otimes_{\pi(i)} = \otimes_i$。

（3）可加性公理：假设存在两类灰色合作博弈 v_1'，$v_2' \in G_g(N)$，如果另存在某合作博弈 $v_1' + v_2' \in G_g(N)$，$\forall S \in P(N)$，可得到如下结论：$(v_1' + v_2')(S) + v_2'(S)$，并且 $\Psi_i'(v_1' + v_2') = \Psi_i'(v_1') + \Psi_i'(v_2')$。

不难发现，合作联盟的期望收益 v' 是一个区间灰数 $\otimes$。因此，区间灰数之和 $\sum_{i \in N} \Psi'_i(v')$ 指的是联盟中参与人的总收益，可以用 $\sum_{i \in N} \otimes_i$ 来表示。如果能够进一步补充信息得到灰色 Shapley 函数的准确表达式，灰色合作博弈便能转化为经典合作博弈，上述三条公理也分别等价于经典公理。从这个层面而言，灰色 Shapley 函数是经典 Shapley 函数在数域上的延伸和拓展。

定理 3.2：对于具有灰色收益值的灰色合作博弈 $G_g(N)$，存在如下灰色 Shapley 函数 $\Psi'(v') : G_g(N) \to (\Psi^n)^{P(N)}$，分别满足定义 3.6 中所列的三条公理。

$$\Psi'_i(v') = \sum_{i \in S \in P(N)} \gamma_S(v'(S) - v \in (S \setminus \{i\})) \tag{3.2}$$

其中，$\gamma_S = \dfrac{(n-s)!\,(s-1)!}{n!}$ 指参与人 i 在不同联盟中的概率，i 指联盟中参与人的人数，n 指合作联盟中总人数。由于 $v'(S)$ 和 $v'(S \setminus \{i\})$ 均为灰数，所得到的 $\Psi'_i(v')$ 同样也是灰数。根据区间灰数运算法则可得：

$$\Psi'_i(v') = \sum_{i \in S \in P(N)} \gamma_S(\otimes_S - \otimes_{S \setminus \{i\}}) \otimes \left[\sum_{i \in S \in P(N)} \gamma_S(\underline{A_S} - \overline{A_{S \setminus \{i\}}}), \sum_{i \in S \in P(N)} \gamma_S(\overline{A_S} - \underline{A_{S \setminus \{i\}}}) \right]$$

证明：

（1）有效性公理

假设参与人 i 不属于任一承载，因此对于 $i \in S$，$S \subseteq N$，

$$v'(i) = v'(S) - v'(S \setminus i) = \otimes_S - \otimes_{S \setminus \{i\}} \in \left[\underline{A_S} - \overline{A_{S \setminus \{i\}}}, \overline{A_S} - \underline{A_{S \setminus \{i\}}} \right] \tag{3.3}$$

将公式（3.3）代入公式（3.2），可得

$$\Psi'_i(v') = v'(i) \sum_{i \in S} \frac{(n-s)!(s-1)!}{n!} = v'(i) \sum_{k=1}^{n} \frac{(n-k)!(k-1)!}{n!} \binom{n-1}{k-1} = v'(i) \sum_{k=1}^{n} \frac{1}{n} = v'(i) \tag{3.4}$$

由于 $v'(N) = \sum_{i \in N} \Psi'_i(v')$，如果 S 是 $G_g(N)$ 的承载，根据公式（3.1）可得，$v'(N) = v'(N \cap S) + \sum_{i \in N \setminus S} v'(i)$，$v'(N) = v'(S) + \sum_{i \notin S} v'(i)$。

因此，$v'(S) = \sum_{i \in S} {}'_i(v') - \sum_{i \notin S} \Psi'_i(v') = \sum_{i \in S} \Psi'_i(v')$。有效性公理得证。

（2）对称性公理

假设 π 是 N 上的一个排列，使得 $v'(\pi S)=v'(S)$ 和 $|\pi S|=|S|$ 成立，因此

$$\Psi'_{\pi i}(v')-\sum_{\pi S\subseteq \pi N}\frac{(n-\pi S)!(\pi S-1)!}{n!}[v'(\pi S)-v'(\pi(S\setminus i))]=$$

$$\sum^{S\subseteq N}\frac{(n-s)!(s-1)!}{n!}[v'(S)-v'(S\setminus i)]=\Psi'_i(v') \tag{3.5}$$

对称性公理得证。

（3）可加性公理

对于 $\forall_i\in N$，假设存在两类合作博弈 v_1'，$v_2'\in G_g(N)$。如果存在某一新合作博弈 $v_1'+v_2'\in G_g(N)$，对于任意联盟 $S\in P(N)$，$(v_1'+v_2')(S)=v_1'(S)+v_2'(S)$，则可以得到如下结论：

$$\Psi'_i(v_1'+v_2')=\sum_{i\in S\in P(N)}\frac{(n-s)!(s-1)!}{n!}[(v_1'+v_2')S-(v_1'+$$

$$v_2')S\setminus\{i\})]=\Psi'_i(v_1')+\Psi'_i(v_2') \tag{3.6}$$

可加性公理得证。

根据上述分析，公式（3.2）所示的灰色 Shapley 函数满足定义 3.6 中的三大公理。得证。

二　灰色 Shapley 模型的相关性质

定理 3.3：假设存在 $v'\in G_g(N)$，如果 $\forall S\in P(N)$ 且 $v(S)\in R$，$v(S)\in v'(S)=[\underline{A_s},\overline{A_s}$ 始终成立，则经典合作博弈 (N,v) 下的 Shapley 值 $\Psi_i(v)$ 始终满足如下等式：

$$\Psi_i(v)\in\Psi'_i(v')=[\sum_{i\in S\in P(N)}\gamma_S(\underline{A_s}-\overline{A_{S\setminus\{i\}}}),\sum_{i\in S\in P(N)}\gamma_S(\overline{A_s}-\underline{A_{S\setminus\{i\}}})$$

证明：假设对于 $\forall S\in P(N)$，$v(S)\in R$，始终有 $v(S)\in v'(S)=[\underline{A_s},\overline{A_s}$。对于 $\forall_i\in S\subseteq N$，始终存在着 $v(S\setminus\{i\})\in v'(S\setminus\{i\})=[\underline{A_{S\setminus\{i\}}},\overline{A_{S\setminus\{i\}}}]$。对于任意联盟 S 及其内部成员 $i\in$

S, $\underline{A_S} \leqslant v\ (S)\ \leqslant \overline{A_S}$, $\underline{A_{S \setminus \{i\}}} \leqslant v\ (S \setminus\ \{i\})\ \leqslant \overline{A_{S \setminus \{i\}}}$。

根据区间灰数运算法则可得：

$$\sum_{i \in S \in P(N)} \gamma_S(\underline{A_S}\ -\ \overline{A_{S \setminus \{I\}}}) \leqslant \sum_{i \in S \in P(N)} \gamma_S(v(S)\ -\ v(S \setminus \{i\}))\ \leqslant$$

$$\sum_{i \in S \in P(N)} \gamma_S(\overline{A_S} - \underline{A_{S \setminus \{i\}}}$$

因此，$\Psi_I(v)\ \in\ \Psi'_i(v') = [\ \sum_{i \in S \in P(N)} \gamma_S(\underline{A_S} - \overline{A_{S \setminus \{i\}}}, \sum_{i \in S \in P(N)} \gamma_S(\overline{A_S} - \underline{A_{S \setminus \{i\}}}$。

得证。

定理3.3说明带有灰支付的灰色 Shapley 值也是一类区间灰数，其中涉及了可能出现的任一分配。换言之，对于任何联盟 $S \in P$ (N)，所得分配收益 $v\ (S)\ \in\ [\underline{s}, \overline{A_S}]$，在经典合作博弈下的收益 $\Psi_i(v)$ 必在其在灰色合作收益下所得的灰收益 $\Psi'_i(v')$ 范围之内。

定理3.4：假设存在两个联盟 v_i'，$v_2' \in G_g\ (N)$，如果 $\forall S \in$ $P\ (N)$ 并且 $v_1'\ (S)\ \subseteq v_2'\ (S)$，可以得到如下结论：

$\Psi'_i(v_1')\ \subseteq\ \Psi'_i(v_2')$

其中 $\Psi'_i(v_1')$ 和 $\Psi'_i(v_2')$ 分别指灰色合作博弈 (N, v_1') 和 (N, v_2') 的灰色 Shapley 值。

证明：对于 $\forall v \in v_1'$，根据定理3.3，$\forall i \in N$，$\Psi_i(v)\ \in$ $\Psi'_i(v_1')$。由于 $v_1'\ (S)\ \subseteq v_2'\ (S)$，对于 $\forall v \in v_1'$，始终存在着 $v \in$ v_2' 且 $\Psi_i(v)\ \in\ \Psi'_i(v_2')$。

由于 v 是 v_1' 的任意选择，则 $\Psi'_i(v_1')\ \subseteq\ \Psi'_i(v_2')$。得证。

根据定理3.4不难发现，当参与人或合作联盟的灰收益区间长度减少时，灰色 Shapley 值的区间长度也会相应缩减。如果灰收益区间长度减少为0，即成为一个白数，灰色 Shapley 值便转化为经典 Shapley 值。这也从另外一个角度证实了灰色 Shapley 值是经典 Shapley 值在合作博弈领域的一个拓展。

第四节　复杂产品质量合作灰色 Shapley 模型的 Raiffa 解及其白化算法

一　复杂产品质量合作 Shapley 模型的缺陷和不足

Shapley 模型基于上述三条严格的公理，有着公平性和合理性等诸多优点。Shapley 模型在合作博弈中的应用前提就在于需要知道所有可能出现联盟的合作收益。然而，由于复杂产品供应链中存在着成百上千的企业，对于这样一个大型系统，企图确定所有联盟的合作收益在复杂产品质量合作过程中几乎是不可能实现的。假设某个复杂产品供应链中共有 n 个企业（含供应商和主制造商），即 $I = \{1, 2, \cdots, n\}$，则可能出现的联盟数目将达到惊人的 2^n。更有甚者，由于可构成的联盟组成复杂，主制造商需要从市场中搜集海量信息，并进行极其复杂的组合和评估以确定其合作收益。由于数据搜集和处理工作复杂度极高，这样做难以保证其估计精度，在实际应用中难以操作。例如，如果复杂产品供应链中有着 n 家企业开展质量合作，为了计算企业 i 对复杂产品整体质量的贡献程度，则需要知道剩下 $n-1$ 家企业结成联盟时的合作收益。如果将参与人 i 的支付函数理解为供应链质量增值的话，需要知道包含参与人 i 的联盟合作收益 $v(i)$ 和不包括参与人 i 时联盟合作收益 $v(I \setminus i)$。显然，如果无法详细掌握联盟的质量收益 $v(s)$，Shapley 模型就在一定程度上失去了其计算效力。因此，对于复杂产品供应链这样一个庞大的系统，急需寻找到一种简便、快捷、高效且具有一定运算精度的求解方法。

二　复杂产品质量合作过程灰色 Shapley 模型的 Raiffa 解

Raiffa 解是由 Howard Raiffa 为了在大规模系统中分配合作收益所提出来的，是 Shapley 模型的一种简化算法，所需信息量也大大减少。假设复杂产品供应链中有 n 个企业参与质量合作，已知 n 家企业合作时的联盟整体收益为 $V(I)$，当排除参与人 i 之后，其他 $n-1$ 个参与人组成联盟的整体质量合作收益为 $v(I\backslash i) = b_i$, $i = 1, 2, \cdots, n$。令 $B = (b_i)$ 为参与人 i 加入该联盟后给其自身所带来的质量增值。根据 Raiffa 求解方法，可得到复杂产品供应链中各个企业应分配的质量合作收益 $X = (x_1, x_2, \cdots, x_n)$，其求解过程可分为以下四步：

步骤 1：在 n 个内含 $n-1$ 个参与人的质量合作联盟中，计算每个企业质量合作收益下限作为分配的基础 $\underline{X} = (\underline{x_1}, \underline{x_2}, \cdots, \underline{x_n})$。由于 $b_i = \sum\limits_i^n x_i - x_1$，企业 i 的最低质量合作收益为：

$$\underline{x_i} = \frac{1}{n-1} \sum_i^n b_i - b_i \tag{3.7}$$

步骤 2：计算企业 j 加入原来不包括 j 的 $j-1$ 方质量合作时所带来的收益增值，这也可以理解为企业 j 加入质量合作时所带来的边际质量收益，并将其设定为参与人 j 的最大质量收益，如公式（3.8）所示。

$$\overline{x_j} = B - b_j \tag{3.8}$$

步骤 3：分配企业 j 的边际质量收益 $\overline{x_j}$。首先，将边际质量收益 $\overline{x_j}$ 平均分给企业 j 和不包含参与方 j 的 $n-1$ 个企业组成的质量合作联盟；其次，将 $\overline{x_j}/2$ 平均分配给联盟中的 $n-1$ 个企业。此过程可以表示为：

$$x_j = \frac{\overline{x_j}}{2}, x_i = \underline{x_i} + \frac{\overline{x_j}}{2(n-1)}, i = 1,2,\cdots,n, i \neq j$$

步骤 4：计算最终分配收益值。由于企业 i 可以存在于 $n-1$ 个 $n-1$ 方企业组成的质量合作联盟，令 $j = 1, 2, \cdots, n$，并重复步骤 3，可得最终质量分配值如下：

$$x_i = \frac{n-1}{n} \underline{x_i} + \frac{1}{n} \left[\frac{\overline{x_j}}{2} + \frac{1}{2(n-1)} \sum_{j \neq i} \overline{x_j} \right], i = 1,2,\cdots,n \tag{3.9}$$

将公式（3.7）和公式（3.8）代入公式（3.9），可得

$$x_i = \frac{V(I)}{n} + \frac{2n-3}{2(n-1)} \left[\frac{1}{n} \sum_{i=1}^n b_i - b^i, i = 1,2,\cdots,n \right. \tag{3.10}$$

根据上述分析不难发现，对于由 n 方参与的复杂产品供应链质量合作过程，Raiffa 解只需要知道供应链质量合作的整体收益 $V(I)$ 和各参与方的质量边际收益 b_i ($i=1, 2, \cdots, n$) 便可以开展运算，所需的数据量仅为 $n+1$ 个，所需数据量仅为传统 Shapley 方法的 $(n+1)/2^n$。

通过对比 Shapley 模型和 Raiffa 解不难发现，虽然 Shapley 模型具有很强的公平性，但是它需要搜集海量的质量合作收益信息，在大规模联盟中很难开展计算。Raiffa 解考虑了每个参与质量合作企业的最优质量收益和最劣质量收益，在保留了 Shapley 模型优点的基础上，保障了弱势企业的利益，尽可能地促使企业参与到复杂产品质量合作之中。

三　基于多目标规划的灰色 Shapley 模型白化解

在供应链质量合作中，每个参与人对自身所得利益都会有自己的底线和要求。因此，复杂产品质量合作收益分配活动可以看作一类多目标优化问题。因此，本节构建多目标规划模型，在考虑一系列约束情形下得到其最优解，并用于测度和表征灰色 Shapley 模型的白化值，具体过程如下：

（1）搜集每个企业对质量合作收益的要求并确定其目标优先级。根据每个企业的重要性和话语权，可以设定各个企业的目标优先级；设计规则 $P_j > P_{j+1}$ 用以表示目标 P_j 重要度优于目标 P_{j+1}，这样便能保证高优先级的目标优先实现。

（2）确定约束条件。复杂产品质量合作过程的约束主要有三大类：收益分配约束、企业个体约束和偏差度约束。收益分配约束是指根据 Shapley 模型或 Raffia 解得到的参与人质量合作收益范围；企业个体约束是指个性化的收益要求；偏差度约束是指各控制变量的正、负偏差限制。在实际问题中，还可能存在其他类型约束，可视具体情况添加。

（3）令 $x_i = \Psi'_i(v')$ ，可构建多目标规划模型如下：

$$\min Z = P(AD^- + BD^+)$$

$$s.t. \begin{cases} F_{obj}(X) - D^- + D^+ = C \\ G(X) \geqslant (\leqslant) M \\ X \geqslant (\leqslant) N \\ D^-, D^+ \geqslant 0 \end{cases} \qquad (3.11)$$

其中，$P = [P_i]_{1 \times n}$ 指各企业目标的优先级；$F_{obj}(X)$ 指各企业的具体目标；$G(X)$ 指企业个体化约束；X 指由上述算法得到的质量收益分配约束；D^+ 和 D^- 分别指正、负偏差约束；A、B、C、M、N 分别指各类常量，其中 $A + B = [1, 1, \cdots, 1]_{n \times 1}$。

四　基于灰色 Shapley 模型的复杂产品质量合作收益分配应用研究

假设复杂产品某供应链中存在三种类型企业：飞机制造公司（主制造商）、系统供应商和部件供应商。飞机制造公司根据客户要求对飞机进行整体设计，并向系统供应商和部件供应商订购符合其质量要求的系统和零部件。如果分别将飞机制造公司、系统供应商和部件供应商理解为质量合作的参与人1、参与人2和参与人3，可构成参与人集合 $N = \{1, 2, 3\}$。令 S 为包含全部或部分参与人的合作联盟，即 $S \in P(N)$。由于信息不对称，主制造商不能掌握各联盟质量收益的精确值，只得以区间灰数的形式估计得到其大概范围为 $v'(\emptyset) = 0$，$v'(1) = \otimes_1 = [15, 20]$，$v'(2) = \otimes_2 = [10, 12]$，$v'(3) = \otimes_3 = [8, 10]$，$v'(1,2) = \otimes_{1,2} = [45, 50]$，$v'(1,3) = \otimes_{1,3} = [40, 55]$，$v'(2,3) = \otimes_{2,3} = [24, 28]$ 和 $v'(1,2,3) = \otimes_{1,2,3} = [70, 75]$。

根据定理3.2和表3.3、表3.4和表3.5所示信息，可以计算得到各参与方的灰色 Shapley 值如下：

$$x_1 = \Psi'_1(v') = \sum_{1 \in S} \gamma_S(\otimes_S - \otimes_{S \setminus \{1\}}) \in [29.5, 38.17],$$

$$x_2 = \Psi'_2(v') = \sum_{2 \in S} \gamma_S(\otimes_S - \otimes_{S \setminus \{2\}}) \in [14.83, 24.83],$$

$$x_3 = \Psi'_3(v') = \sum_{3 \in S} \gamma_S(\otimes_S - \otimes_{S \setminus \{3\}}) \in [14.67, 23]。$$

表 3.3　　　　　　　　　　灰信息下参与人 1 的相关合作信息

S	γ_S	$\otimes_S$	$\otimes_{S \setminus \{1\}}$	$\otimes_{S-(S \setminus \{1\})}$
$\{1\}$	$2! \times 0! / 3! = 1/3$	$[15, 20]$	$[0, 0]$	$[15, 20]$
$\{1, 2\}$	$1! \times 1! / 3! = 1/6$	$[45, 50]$	$[10, 12]$	$[33, 40]$
$\{1, 3\}$	$1! \times 1! / 3! = 1/6$	$[40, 55]$	$[8, 10]$	$[30, 47]$
$\{1, 2, 3\}$	$0! \times 2! / 3! = 1/3$	$[70, 75]$	$[24, 28]$	$[42, 51]$

表 3.4　　　　　　　　　　灰信息下参与人 2 的相关合作信息

S	γ_S	$\otimes_S$	$\otimes_{S \setminus \{2\}}$	$\otimes_{S-(S \setminus \{2\})}$
$\{1\}$	$2! \times 0! / 3! = 1/3$	$[10, 12]$	$[0, 0]$	$[10, 12]$
$\{1, 2\}$	$1! \times 1! / 3! = 1/6$	$[45, 50]$	$[15, 20]$	$[25, 35]$
$\{1, 3\}$	$1! \times 1! / 3! = 1/6$	$[24, 28]$	$[8, 10]$	$[14, 20]$
$\{1, 2, 3\}$	$0! \times 2! / 3! = 1/3$	$[70, 75]$	$[40, 55]$	$[15, 35]$

表 3.5　　　　　　　　　　灰信息下参与人 3 的相关合作信息

S	γ_S	$\otimes_S$	$\otimes_{S \setminus \{3\}}$	$\otimes_{S-(S \setminus \{3\})}$
$\{1\}$	$2! \times 0! / 3! = 1/3$	$[8, 10]$	$[0, 0]$	$[8, 10]$
$\{1, 3\}$	$1! \times 1! / 3! = 1/6$	$[45, 50]$	$[15, 20]$	$[20, 40]$
$\{2, 3\}$	$1! \times 1! / 3! = 1/6$	$[24, 28]$	$[10, 12]$	$[12, 18]$
$\{1, 2, 3\}$	$0! \times 2! / 3! = 1/3$	$[70, 75]$	$[45, 50]$	$[20, 30]$

　　根据主制造商调研结果，可得到下列约束信息：第一优先级目标——供应商整体质量收益不得小于 70；第二优先级目标——主制造商质量收益不得低于供应商质量收益的 50%；第三优先级目标——系统供应商的质量收益不得小于部件供应商质量收益的 2 倍。基于上述分析，可构建多目标规划模型如下：

$$\min Z = P_1 d_1^- + P_2 d_2^- + P_3 d_3^-$$

$$s.t. \begin{cases} x_1 + x_2 + x_3 + d_1^- - d_1^+ = 70 \\ x_1 - 0.5(x_1 + x_2 + x_3) + d_2^- - d_2^+ = 0 \\ x_2 - 2x_3 + d_3^- - d_3^+ = 0 \\ 29.5 \leqslant x_1 \leqslant 38.17 \\ 14.83 \leqslant x_2 \leqslant 24.83 \\ 14.67 \leqslant x_3 \leqslant 23 \\ d_i^-, d_i^+ \geqslant 0, i = 1, 2, 3 \end{cases}$$

求解上述多目标规划模型，可得最优解：$x_1^* = 38.17$，$x_2^* = 22.90$，$x_3^* = 15.29$。

根据最优化结果可知，$x_1^* > v'(1)$，$x_2^* > v'(2)$，$x_3^* > v'(3)$。如果主制造商按照上述最优结果分配质量合作收益，各企业均能比不合作时获得更多收益。这些额外的收益正是促使企业组成质量联盟并开展质量合作的直接激励。本部分研究能够直接辅助主制造商在合同谈判过程中确定自己的出价底线，掌握谈判主动权，也是解决合同谈判过程质量冲突的一种行之有效的经济手段和策略。

本 章 小 结

在复杂产品合同谈判过程中，由于主制造商和供应商对外购产品质量水平有着不同理解和认识，往往容易产生质量冲突，即双方在质量标准上意见不统一。此类问题如果不能得到妥善解决，谈判可能陷入僵局，主制造商无法构建高质量、和谐的协同供应链。本章首先研究复杂产品合同谈判过程的质量冲突问题，构建了一类基于Petri net 的复杂产品质量冲突分析模型并分析其均衡解；根据所得质量冲突未来发展趋势，确定谈判各方可能选择的行为。为了以经济手段化解复杂产品合同谈判过程的质量冲突，主制造商可以设计灰色 Shapley 模型并探求其高效解法。该模型结果能辅助主制造商合理确定分配给供应商的质量合作报酬，合理地组建复杂产品质量同盟，实现共赢的结果。

第四章

复杂产品供应链关键质量源的
诊断与探测问题研究

由约束理论（Theory of constraint，TOC）可知，系统整体绩效受限于其内部瓶颈或短板（Bottleneck）的实际表现。提升系统整体绩效的唯一途径就是设法探测出系统的瓶颈资源，并采取相应措施对其综合绩效进行改善和提升。复杂产品供应链是一类多层级、多主体、产品传递关系繁杂的大型系统，其中瓶颈节点的质量水平决定其整体质量。由于供应链中不同产品的质量度量单位的差异很大，不同主体的产品质量往往不能直接比较。更有甚者，由于复杂产品生产过程中供应商数目众多，供应商网络结构复杂，质量损失在复杂传递过程中不断地累积、放大，最终极大地影响最终产品的质量水平。本部分在合理测度供应商多元质量损失基础上，构建一类新型供应商质量损失流动的 GERT 网络模型；以该模型为研究平台，设计相关算法探测和诊断复杂产品供应链中外购系统和供应商的质量波动，识别复杂供应链网络中的关键质量源和质量瓶颈，为复杂产品供应链质量管理提供一种新的研究方法和研究思路。

第一节　问题描述

在复杂产品"主制造商—供应商"生产体系中，主制造商订购供应商的零部件，并将其总装成最终的复杂产品。因此，复杂产品的整体质量决定于供应商提供零部件的质量水平。实际上，不同种类的产品零部件往往具备不同的质量水平：一部分零部件具备较高的质量水平，而某些零部件的质量可能差强人意。由于供应链中产品的质量单位不尽相同，其质量水平往往缺乏直接比较性。为了方便开展供应商产品质量之间的比较分析，则需要对不同产品的质量进行无量纲处理。

在复杂产品供应链中，随着产品的购买和交付，质量流在不同主体间进行着传递和变化。由质量工程学可知，下游企业的产品质量并不仅仅取决于其自身生产过程中的制造或组装能力，同样受限于其上游供应商提供的零部件的质量水平。因此，复杂产品供应链的整体质量往往受限于那些较低质量的系统或零部件，其质量改善工作前提便是能够科学、准确地找出系统中的质量瓶颈。

图示评审技术（Graphical evaluation and review technique，GERT）是一种主要应用于项目管理领域的网络分级技术，这种方法的应用基础便是能够识别网络逻辑关系及活动概率。GERT 模型同样是一种有效的建模和仿真技术，可用于项目计划管理和控制，尤其适用于能够使用网络活动描述的实际项目。泰勒（Taylor）和莫罗（Moore）在 1980 年使用两个案例说明 GERT 模型比关键路径法（Critical path method，CPM）和计划评审技术（Project evaluation and review technique，PERT）更适于建模和仿真。每个案例的仿真效果均详细地给出了项目工期数据和结果概率值的对比值。阿加瓦尔（Agarwal）等人使用 GERT 方法分析一类 "m-consecutive-k-out-of-n：F" 系统，基于近似形式和准确方程以统一的口径评估系统可靠度。黄（Huang）等人应用一类 Q-GERT（Queuing graphical evaluation and review technique）作为建模和仿真工具，分析并描述某生产企业的产品制造过程，根据系统仿真结果为评估物料需求和产能管理提供直接依据。

基于上述考虑，本章主要解决以下三类问题：

（1）设计供应商多元质量损失函数，测算供应商多元质量损失，并通过规范化和无量纲化统一表征形式处理，便于开展供应商质量损失传递与类比研究。

（2）建立一种基于质量损失流动的复杂产品供应商 GERT 网络模型（Supplier-GERT），为之后的研究提供一种新型的定性分析工具与定量研究平台。

（3）基于质量损失 GERT 网络模型创建有效求解算法，探测和诊断复杂产品供应链网络质量波动，科学、有效地识别供应商体系中的关键质量源，为主制造商有针对性地开展供应商质量控制工作提供科学依据与理论支持。

第二节　供应商多元质量损失函数设计

广义质量损失最早由田口玄一（Genichi Taguchi）博士于 1986 年提出。他认为产品的质量损失是由产品实际质量表现值与最优目标值之间偏差造成的一类经济性损失。只要二者之间存在偏差，广义质量损失便会一直存在。此外，Taguchi 设计了产品级质量损失函数，用于有效地表征产品的广义质量损失。由于供应商的质量损失是由其提供产品的质量损失造成的，而同一产品中又可能存在多种质量特性，供应商质量损失可定义如下：

定义 4.1：供应商多元质量损失是指供应商提供产品的多元质量指标偏离规定的最优目标值所造成的综合损失，也是各质量指标造成质量损失的综合表现。因此，供应商应尽量保证每一个质量特性尽可能地接近其合约规定的理想目标值，保证使其多元质量损失达到最小。

不同质量特性在供应商质量损失中的地位和影响程度有所差异，对于不同质量损失函数 $L(Y)$ 不能等同对待。因此本章根据质量特性 i 对产品质量的重要程度对其赋予合理的权重 λ_i，以全面反映各质量特性 i 对供应商产品整体质量的影响程度。因此设计经过标准化和无量纲化的供应商 m 的 n 维多元质量损失函数可表征如下：

$$L_m(w_1, w_2, \cdots, w_n) = P_m \cdot \left[4 \sum_{i \in N} \lambda_i L(Y_i) + \sum_{j \in L} \lambda_j L(Y_j) + \right.$$

$$\left. \sum_{k \in S} \lambda_k L(Y_k) \right] = P_m(\lambda_i, \lambda_j, \lambda_k)(4L(Y_i), L(Y_j), L(Y_k))^T \qquad (4.1)$$

其中 w_1，w_2，$\cdots$，w_n 为质量合约中规定的 n 个质量特性，P_m 为产品价格，λ_i 为质量特性 i 对产品整体质量的影响权重，$L(Y_i)$、$L(Y_j)$ 和 $L(Y_k)$ 分别为望目 N 型、望大 L 型、望小 S 型质量特性的质量损失函数，其中 $i + j + k = n$。

从公式（4.1）不难看出，供应商多元质量损失函数 $L_m(w_1, w_2, \cdots, w_n)$ 通过无量纲化处理后，在一定程度上消除了各质量特性度量单位的影响。所得到的供应商质量损失以产品价值统一表征，便于在诸多供应商之间开展质量损失传递和类比研究。

第三节　基于质量损失传递的复杂产品供应商 GERT 网络模型构建

结合图示评审技术，为了描述质量损失在各网络主体之间的传递关系，复杂产品供应商 GERT 网络可定义如下：

定义 4.2：供应商质量损失 GERT 网络模型（Supplier-GERT）由节点、箭线和质量损失流三个要素组成：节点为网络中的企业主体，即各级供应商或主制造商；箭线用于表示各企业之间的供货关系或供应商之间的质量损失传递活动；质量损失流反映网络中供应商节点间质量损失传递活动定量化的相互制约关系。基本构成单元如图 4.1 所示。

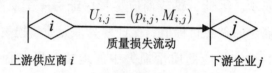

图 4.1　基本构成单元示意图

图 4.1 中 $U_{i,j}$ 表示从上游供应商 i 到下游企业 j 的质量损失流；$P_{i,j}$ 表示其间箭线的发生概率；$M_{i,j}$ 表示其间质量损失传递的条件概率

函数。

从供应链网络结构角度，复杂产品供应商 GERT 网络定义如下：

定义 4.3：复杂产品供应商 GERT 网络是根据复杂产品零件组成结构及其各级供应商之间的供货关系或合约关联信息，将基本构成单元以串联、并联或混联形式组合而成的供应商网络。示意图如图 4.2 所示。

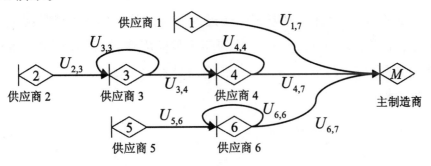

图 4.2　复杂产品供应商 GERT 网络示意图

值得注意的是，对于质量损失流 $U_{i,j}$，如果 $i \neq j$，便意味着下游企业 j 接受了上游供应商 i 提供的产品；如果 $i = j$，便会在该节点处形成一个回路，这意味着下游企业没有接受该零部件并将其退回上游企业 i 进行修理或重新生产。

第四节　基于 Supplier-GERT 网络模型的复杂产品关键质量源诊断与探测算法研究

一　质量损失传递过程的矩母函数设计

为了简化问题，在此做出如下假设：

假设 4.1：由于产品质量容易受到生产调整或其他一些非可控因素影响，例如加工环境或设备磨损等，假设从上游供应商 i 传递至下游供应商 j 的质量损失 $x = L$ 近似地服从某种特定的概率分布 $f_{i,j}(x)$。

需要说明的是，在本章后续理论推导和证明过程中，假设分布函

数 $f_{i,j}(x)$ 可为任意分布形式，以保证研究的普遍性和一般性。在实际问题中，参数分布 $f_{i,j}(x)$ 可以通过以下两种途径获得：（1）在产品质量数据较为完备的情况下，可以通过数理统计（如曲线拟合）的方法得到；（2）在产品质量数据不完备的情况下，依据专家经验可以对产品质量损失期望进行估计，结合极大熵模型即可方便得到。

基于上面假设，定义质量损失传递过程的矩母函数如下：

定义 4.4：在基于质量损失传递的复杂产品供应商 GERT 网络模型中，假设上游供应商 i 传递给相邻下游供应商 j 的质量损失 x 服从某种概率为 $f_{i,j}(x)$ 的概率分布，则质量损失传递有向弧（i, j）的矩母函数可设计为：

$$M_{i,j}(s) = \int_{-\infty}^{\infty} e^{sx} f(x)\,dx \tag{4.2}$$

二 Supplier-GERT 模型的等价传递函数计算

在供应商 i 至企业 j 的传递路线上可能存在其他供应商节点和多条传递路线。为了表示路线（i, j）上质量损失的综合影响，设计一类等价转移函数作为辅助函数如下：

$$W_{i,j}(s) = p_{i,j} \cdot M_{i,j}(s) \tag{4.3}$$

定理 4.1：在 Supplier-GERT 网络模型中，若上游供应商 i 到下游供应商 j 之间质量损失的等价传递函数为 $W_{i,j}(s)$，则从供应商 i 到供应商 j 的质量损失等价传递概率 $P_{i,j} = W_{i,j}(s)\mid_{s=0}$，且其等价矩母函数 $M_{i,j}(s) = W_{i,j}(s)/p_{ij}$。

证明：由质量损失传递参量矩母函数的特征可知，当 $s=0$ 时，

$$W_{i,j}(0) = p_{i,j} \cdot M_{i,j}(0) = p_{i,j} \cdot \int_{-\infty}^{\infty} e_{i,j}^{st} f(t)\,dt\mid_{s=0} = p_{i,j},$$

则网络的等价传递概率为 $P_{i,j} = W_{i,j}(s)\mid_{s=0}$。

根据公式（4.3）可得，节点 i 到节点 j 之间等价矩母函数为

$$M_{i,j}(s) = \frac{W_{i,k}(s)}{p_{i,j}} = \frac{W_{i,j}(s)}{W_{i,j}(0)}。\text{ 得证。}$$

在复杂产品供应链中，供应商之间的供货关系复杂且多样。根据供应商节点之间的逻辑关系，复杂产品 Supplier-GERT 网络可大致分为串联、并联和混联三种基本结构，各种结构下网络等价传递函数的测算方法有所差异。

（一）串联结构 Supplier-GERT 模型的等价传递函数计算

串联结构的 Supplier-GERT 模型是指供应商节点间传递箭线首尾相连的一种线形网络结构。该网络可以用联系首尾供应商节点的一个单箭头等价网络来代替，如图 4.3 所示。

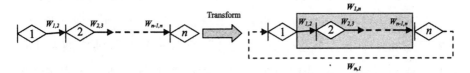

图 4.3　串联结构 Supplier-GERT 模型的等价参数测算示意图

定理 4.2：假设某串联结构 Supplier-GERT 模型内含首尾相连节点 $\{1, 2, \cdots, n\}$（如图 4.3 左边所示），另设节点 i 与节点 j 之间的传递函数为 $W_{i,j}(s)$，则串联结构 Supplier-GERT 模型的等价参数可以表示为相邻节点等价传递函数之积，即

$$W_{1,n}(s) = \prod_{i=1}^{n-1} W_{i,i+1}(s) \tag{4.4}$$

证明：由图 4.3 右侧所示，封装节点 1 和节点 n 之间的部分，用一条箭线代替，则该箭线的传递函数可表示为 $W_{1,n}(s)$。此外，以节点 n 为起始节点，节点 1 为终止节点构建辅助箭线（以虚线表示，其传递函数为 $W_{n,1}(s)$）。这样，原串联 Supplier-GERT 模型便转化为一个回路。

由信号流图理论可知，假设存在节点 α 和 β，则 $W_{\alpha,\beta}(s) = 1/W_{\beta,\alpha}(s)$。

从图 4.3 右侧不难发现，其中仅存一条封闭回路。根据梅森公式可得右侧网络特征值为：

$$H = 1 - W_{1,2}(s) \cdot W_{2,3}(s) \cdot \cdots \cdot W_{n-1,n}(s) \cdot W_{n,1}(s) = 1 - \prod_{i=1}^{n-1} W_{i,i+1}(s) \cdot \frac{1}{W_{1,n}(s)} = 0 。$$

因此 $W_{1,n}(s) = \prod_{i=1}^{n-1} W_{i,i+1}(s)$。得证。

（二）并联结构 Supplier-GERT 模型的等价传递函数计算

并联结构 Supplier-GERT 模型至少含有两条独立的箭线，该箭线始于同一上游供应商或终于同一下游企业。根据上、下游供应商数目的不同，并联结构 Supplier-GERT 模型可分为以下三种基本类型："1 - 1"型（1 个上游供应商和 1 个下游企业）、"1 - n"型（1 个上游供应商和 n 个下游企业）和"n - 1"型（n 个上游供应商和 1 个下游企业）。上述并联结构均能转化为含有 2 个节点和 1 条箭线的模型形式。

（1）"1 - 1"型并联 Supplier-GERT 模型的等价传递函数

如图 4.4 左侧所示，"1 - 1"型并联 Supplier-GERT 模型含有 1 个上游节点、1 个下游节点和多条连接节点的箭线。该模型主要表示上游供应商为下游企业供应多种不同的货物。

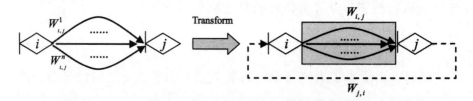

图 4.4　"1 - 1"型并联 Supplier-GERT 网络等价参数测算示意图

定理 4.3：假设存在"1 - 1"型并联 Supplier-GERT 模型，其内含上游供应商 i、下游供应商 j 以及连接它们的 n 条箭线，其中第 k 条箭线的传递函数为 $W_{i,j}^k(s)$。该网络的等价传递函数为其中所有箭线传递函数之和，即

$$W_{i,j}(s) = \sum_{k=1}^{n} W_{i,j}^k(s) \tag{4.5}$$

证明：如图 4.4 右侧所示，封装节点 i 和节点 j 之间所有箭线，

并用一条箭线代替，其传递函数可表示为 $W_{i,j}(s)$。此外，以节点 j 为起始节点，节点 i 为终止节点构建辅助箭线（以虚线表示，其传递函数为 $W_{i,j}(s)$）。这样，原串联 Supplier-GERT 模型便转化为一个回路模型。

从图 4.4 右侧不难发现，该网络存在 n 条封闭回路。根据梅森公式可得右侧网络特征值为：

$$H = 1 - W_{i,j}^1(s) \cdot W_{j,i}(s) - W_{i,j}^2 \cdot W_{j,i}(s) - \cdots - W_{i,j}^{n-1} \cdot W_{j,i}(s) -$$

$$W_{i,j}^n \cdot W_{j,i}(s) = 1 - \sum_{k=1}^n W_{i,j}^k(s) \cdot \frac{1}{W_{i,j}(s)} = 0$$

因此，$W_{1,n}(s) = \prod_{i=1}^n W_{i,i+1}(s)$。得证。

（2）"1 – n"型并联 Supplier-GERT 模型的等价传递函数

"1 – n"型并联 Supplier-GERT 网络模型是指含有 1 个上游供应商和多个下游供应商的供应链结构，如图 4.5 左侧部分所示。此类型供应链中，上游供应商为多个下游供应商提供后期加工用的原材料或零部件。

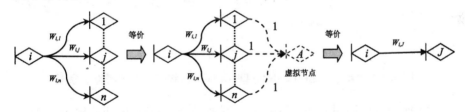

图 4.5 "1 – n"型并联 Supplier-GERT 网络等价参数测算示意图

定理 4.4：假设存在"1 – n"型并联 Supplier-GERT 模型，其内含上游供应商 i、下游供应商 $\{1, 2, \cdots, n\}$ 以及连接它们的 n 条箭线，其中连接供应商 i 和 j 的箭线传递函数为 $W_{i,j}(s)$。另设下游供应商集合为 $J = \{1, 2, \cdots, n\}$，则该网络的等价传递函数可表示为：

$$W_{i,j}(s) = \sum_{j=1}^n W_{i,j}(s) \tag{4.6}$$

证明：如图 4.5 中间部分所示，为节点 $\{1, 2, \cdots, n\}$ 构建虚

拟下游供应商 A 和 n 条虚拟箭线。对于任一虚拟箭线 $\forall j \in （1，2，\cdots，n）$ 而言，其传递概率 $p_{j,A} = 1$，质量损失为 0。因此虚拟箭线的传递函数 $W_{j,A}(s) = p_{j,A} \cdot M_{j,A}(s) = p_{j,A} \cdot \int_{-\infty}^{\infty} e^{s \cdot 0} f(x)\,dx = 1$。

结合公式（4.4）和公式（4.5），如图 4.5 右侧所示，该网络模型的等价传递函数可表示为：

$$W_{i,j}(s) = W_{i,A}(s) = \sum_{j=1}^{n} W_{i,j}(s) \cdot W_{j,A}(s) = \sum_{j=1}^{n} W_{i,j}(s)。 得证。$$

（3）"n−1" 型并联 Supplier-GERT 模型的等价传递函数

"n−1" 型并联 Supplier-GERT 网络模型是指含有多个上游供应商和 1 个下游供应商的供应链结构，如图 4.6 左侧部分所示。此类型供应链中，下游供应商接受上游供应商提供的产品零部件进行组装或总装为系统或子系统。其中，每条箭线代表一类零部件的传递过程。

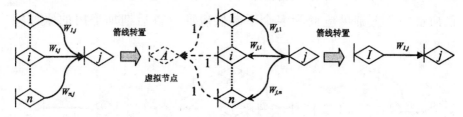

图 4.6　"n−1" 型并联 Supplier-GERT 网络等价参数测算示意图

定理 4.5：假设存在 "n−1" 型并联 Supplier-GERT 模型，其内含 n 个上游供应商 $\{1，2，\cdots，n\}$、下游供应商 j 以及连接它们的 n 条箭线，其中连接供应商 i 和 j 箭线的传递函数为 $W_{i,j}(s)$。另设上游供应商集合为 I，则该网络的等价传递函数可表示为：

$$W_{I,j}(s) = 1 \Big/ \sum_{i=1}^{n} 1/W_{i,j}(s) \tag{4.7}$$

证明：如图 4.6 中间部分所示，倒置所有箭线方向，并为节点 $\{1，2，\cdots，n\}$ 构建虚拟上游供应商 A 和 n 条虚拟箭线。由于虚拟箭线上不存在质量损失流动且概率为 1，任一虚拟箭线的传递函数

$W_{j,A}(s) = p_{j,A} \cdot M_{j,A}(s) = p_{j,A} \cdot \int_{-\infty}^{\infty} e^{s \cdot 0} f(x) dx = 1$ 。因此从节点 j 到节点 A 的等价传递函数可表示为 $W_{j,A}(s) \sum_{i=1}^{n} W_{j,i}(s) \cdot W_{i,A}(s) = \sum_{i=1}^{n} W_{j,i}(s)$ 。

结合公式（4.4）和公式（4.5），根据图4.6右侧可得该网络模型的等价传递函数为：

$$W_{I,j} = W_{A,j} = 1/W_{j,A} = 1 \sum_{i=1}^{n} W_{j,i} W_{i,A} = 1 \sum_{i=1}^{n} (1/W_{i,j})$$ 。得证。

（三）混联结构 Supplier-GERT 模型的等价传递函数计算

混联结构 Supplier-GERT 模型由多个上述串并联结构构成，可以拆分为多个串联或并联子网络。根据拆分后的子网络信息，混联结构 Supplier-GERT 模型的等价传递函数可用对应子结构的等价传递函数表示。介于混联结构数目繁多，在此不再一一赘述。

三　供应商质量损失传递的均值和标准差

在复杂产品供应链网络中，主制造商关注的不仅是供应商质量损失的平均值，而且其质量损失的波动也是影响复杂产品最终质量的关键指标。因此，对于供应商质量损失，有两类主要的质量参数需要格外留意，即供应商质量损失均值 E 和标准差 σ。

定理4.6：假设根据上述网络分析得到供应商 i 到供应商 j 的等价传递函数为 $W_{i,j}(s)$，则供应商质量损失均值 E，即从节点 i 到节点 j 传递的质量损失参量 x 的一阶矩，可表示如下：

$$E(x_{i,j}) = \frac{\partial}{\partial s} \left[\frac{W_{i,j}(s)}{W_{i,j}(0)} \right] \bigg|_{s=0} \tag{4.8}$$

证明：根据定理4.1，$M_{i,j}(s) = \dfrac{W_{i,j}(s)}{p_{i,j}} = \dfrac{W_{i,j}(s)}{W_{i,j}(0)}$，则供应商质量损失 $x_{i,j}$ 的一阶矩，即质量损失的平均值可表示为：

$$E(x_{i,j}) = \int_{-\infty}^{+\infty} x_{i,j} f(x_{i,j}) dx_{i,j} = \left[\int_{-\infty}^{+\infty} x_{i,j} e^{s x_{i,j}} f(x_{i,j}) dx_{i,j} \right] \bigg|_{s=0} =$$

$$\frac{\partial}{\partial s}\left[\int_{-\infty}^{+\infty} e^{sx_{i,j}} f(x_{i,j})\, dx_{i,j}\right]\Bigg|_{s=0} = \frac{\partial}{\partial s}\left[\frac{W_{i,j}(s)}{W_{i,j}(0)}\right]\Bigg|_{s=0}$$

得证。

定理 4.7：假设根据上述网络分析得到供应商 i 到供应商 j 的等价传递函数为 $W_{i,j}(s)$，则从节点 i 到节点 j 传递的质量损失参量 x 的标准差 $\sigma(x_{i,j})$ 可以表示为：

$$\sigma(x_{i,j}) = \sqrt{V(x_{i,j})} = \sqrt{\frac{\partial^2}{\partial s^2}\left[\frac{W_{i,j}(s)}{W_{i,j}(0)}\right]\Bigg|_{s=0} - \left\{\frac{\partial}{\partial s}\left[\frac{W_{i,j(s)}}{W_{i,j}(0)}\right]\Bigg|_{s=0}\right\}^2}$$

$$(4.9)$$

证明：供应商质量损失 $x_{i,j}$ 的二阶矩可以计算如下：

$$E(x_{i,j}^2) = \int_{-\infty}^{+\infty} x_{i,j}^2 f(x_{i,j})\, dx_{i,j} = \int_{-\infty}^{+\infty} x_{i,j}^2 e^{sx_{i,j}} f(x_{i,j})\, dx_{i,j}\Bigg|_{s=0} =$$

$$\frac{\partial^2}{\partial s^2}\int_{-\infty}^{+\infty} e^{sx_{i,j}} f(x_{i,j})\, dx_{i,j}\Bigg|_{s=0} = \frac{\partial^2}{\partial s^2}\left[\frac{W_{i,j}(s)}{W_{i,j}(0)}\right]\Bigg|_{s=0}$$

因此，可得供应商质量损失的波动方差为：

$$V(x_{i,j}) = E(x_{i,j}^2) - e(x_{i,j})^2 = \frac{\partial^2}{\partial s^2}\left[\frac{W_{i,j}(s)}{W_{i,j}(0)}\right]\Bigg|_{s=0} -$$

$$\left\{\frac{\partial}{\partial s}\left[\frac{W_{i,j}(s)}{W_{i,j}(0)}\right]\Bigg|_{s=0}\right\}^2$$

其对应的标准差为：

$$\sigma(x_{i,j}) = \sqrt{V(x_{i,j})} = \sqrt{\frac{\partial}{\partial s^2}\left[\frac{W_{i,j}(s)}{W_{i,j}(0)}\right]\Bigg|_{s=0} - \left\{\frac{\partial}{\partial s}\left[\frac{W_{i,j}(s)}{W_{i,j}(0)}\right]\Bigg|_{s=0}\right\}^2}$$

得证。

四 关键质量系统的识别与测度

复杂产品需要将供应商提供的子系统或零部件进行总装，因此外购产品或系统的质量水平极大地影响着复杂产品的整体质量水平。根据约束理论（Theory of constraints, TOC），质量瓶颈限制着最终产品的整体质量。因此，为了提升复杂产品的整体质量水平，主制造商需要有效地识别出质量瓶颈子系统，进而为有针对性地制定质量改善方案提供强有力的决策支持。为了综合考虑供应商质量损失均值和标准差的共同影响，系统 i 的质量影响参数 η_i 可以设计如下，用于表征复杂产品外购系统 i 的综合质量影响。

定义 4.5：假设某子系统 i 的源头节点为 P_i（即系统中不存在上游供应商的节点）。对于从源头节点 P_i 至主制造商节点 M 的传递路线，另设该路径上质量损失均值和标准差分别计算为 $E_{P_{i,M}}$ 和 $\sigma_{P_{i,M}}$，则某子系统 i 质量影响参数可设计为 $\eta_i = \gamma E_{P_{i,M}} + \omega\sigma P_{i,M}$，其中 γ 和 ω 分别为主制造商对质量损失均值和标准差的关注度权重，γ，$\omega > 0$ 且 $\gamma + \omega = 1$。

由于 $E > 0$，$\sigma > 0$，$\dfrac{\partial\eta}{\partial E} = \lambda > 0$ 且 $\dfrac{\partial\eta}{\partial\sigma} = \omega > 0$。因此，当 E 或 σ 增加时，系统质量影响参数 η 也随之增大，即该系统质量对复杂产品整体质量愈发关键。假设得到各外购系统的质量影响参数为 $\{\eta_1,$ $\eta_2, \cdots, \eta_m\}$，如果 $\eta_j = \max\{\eta_1, \eta_2, \cdots, \eta_m\}$，则子系统 j 可以认定为复杂产品供应链网络的质量瓶颈。正是该质量瓶颈制约着复杂产品整体质量水平的进一步提升，需要有针对性地采取质量改善措施以提高该子系统内部供应商的质量保证能力。

五　关键质量供应商的诊断与探测

仅识别出关键质量系统是远远不够的，主制造商同样关心约束子系统质量的供应商的相关信息。该结果能够直接辅助主制造商为其下属供应商制订合适的质量改善计划。由于子系统的质量损失由其内部供应商质量损失累积而成，本部分采用供应链逆向推导法测算供应商质量损失对主制造商的影响程度。

定理 4.8：假设存在某供应链 $j \to k \to \cdots \to M$，其中 M 代表主制造商，供应商 k 为供应商 j 的紧邻下游供应商，则供应商 j 对该供应链质量影响参数可设计为 $\xi_j = \mu_{j,M} - \mu_{k,M} = (\gamma E_{j,M} + \omega\sigma_{j,M}) - (\gamma E_{k,M} +$

$\omega \sigma_{k,M}$），其中$\mu_{j,M}$表示由定义4.5所得的供应链$j \to M$的质量影响参数。

证明：假设主制造商自身对复杂产品质量的影响程度为$\mu_{M,M}$，由于供应链的质量损失由其内部供应商质量损失累积而成，如图4.7所示，则供应链$j \to M$的质量影响参数可推导如下：

$$\mu_{j,M} = \xi_j + \xi_k + \cdots \xi_{M-2} + \xi_{M-1} + \mu_{M,M} = \xi_j + \xi_k + \cdots + \xi_{M-2} + \xi_{M-1},$$
$$M = \xi_j + \xi_k + \cdots + \mu_{M-2,M} = \xi_j + \mu_{k,M}$$

因此，供应商j对该供应链质量的影响参数可表示为$\xi_j = \mu_{j,M} - \mu_{k,M} = (\gamma E_{j,M} + \omega \sigma_{j,M}) - (\gamma E_{k,M} + \omega \sigma_{k,M})$。得证。

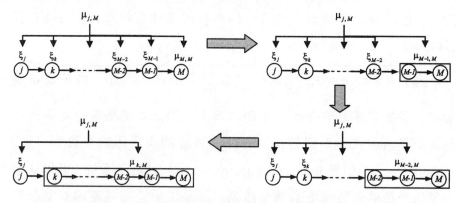

图4.7   供应商j质量影响参数的逆向推导过程示意图

假设根据定理4.6得到各供应商质量影响参数$\{\xi_1, \xi_2, \cdots k, \xi_n\}$，其中$\xi_k = \max\{\xi_1, \xi_2, \cdots, \xi_n\}$，则供应商$k$为该子系统供应链的质量瓶颈。主制造商应对其采取合适措施以提升其质量保证水平。

第五节   应用研究

为了说明上述计算和分析过程，选取某型号飞机供应链开展应用研究。在此生产系统中，主制造商负责子系统或零部件的组装和总装，另有五大系统供应商负责提供外购系统：机体系统、动力系统、传动系统、电子系统、环境系统。根据各系统内部产品流向和供货关系，得到该型号飞机供应商GERT网络模型如图4.8所示。

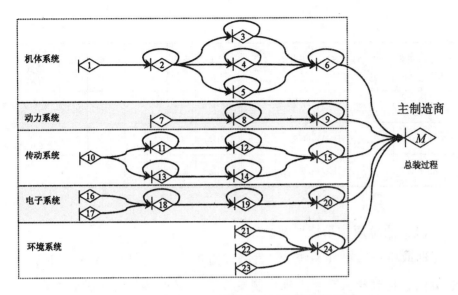

图 4.8 某型号飞机供应商 GERT 网络模型图

　　根据主制造商对各供应商产品质量误差的检验统计数据，利用公式（4.1）测算各供应商质量损失值，根据曲线拟合方法估计参数类型，应用统计分析方法得到分布参数，如表 4.1 所示。

表 4.1　　　　　　商用大飞机供应商质量 GERT 网络活动参数表

活动 (i,j)	概率 P_{ij}	分布参数 f(X)	活动 (i,j)	概率 P_{ij}	分布参数 f(X)	活动 (i,j)	概率 P_{ij}	分布参数 f(X)	活动 (i,j)	概率 P_{ij}	分布参数 f(X)
(1,2)	1	N (0.1,0.01)	(6,6)	0.2	N (−0.2,0)	(13,13)	0.3	N (−0.1,0)	(18,19)	0.8	N (0.5,0.04)
(2,3)	0.2	N (0.2,0.01)	(6,M)	0.8	N (0.8,0.08)	(13,14)	0.7	N (1,0.10)	(19,19)	0.3	N (−0.1,0)
(2,4)	0.3	N (0.2,0.02)	(7,8)	1	N (0.1,0.01)	(12,12)	0.4	N (−0.2,0)	(19,20)	0.7	N (0.2,0.03)
(2,5)	0.2	N (0.2,0.02)	(8,8)	0.3	N (−0.1,0)	(12,15)	0.6	N (0.8,0.08)	(20,20)	0.2	N (−0.1,0)
(2,2)	0.3	N (−0.1,0)	(8,9)	0.7	N (0.5,0.06)	(14,14)	0.2	N (−0.3,0)	(20,M)	0.8	N (0.5,0.05)
(3,3)	0.4	N (−0.1,0)	(9,9)	0.2	N (−0.15,0)	(14,15)	0.8	N (0.7,0.05)	(21,24)	1	N (0.1,0.01)
(3,6)	0.6	N (0.3,0.03)	(9,M)	0.8	N (1,0.10)	(15,15)	0.1	N (−0.5,0)	(22,24)	1	N (0.1,0.01)
(4,4)	0.2	N (−0.15,0)	(10,11)	0.4	N (0.2,0.03)	(15,M)	0.9	N (0.7,0.06)	(23,24)	1	N (0.1,0.01)

续表

活动 (i,j)	概率 P_{ij}	分布 参数 f(X)	活动 (i,j)	概率 P_{ij}	分布 参数 f(X)	活动 (i,j)	概率 P_{ij}	分布 参数 f(X)	活动 (i,j)	概率 P_{ij}	分布 参数 f(X)
(4,6)	0.8	N (0.2,0.02)	(10,13)	0.6	N (0.1,0.01)	(16,18)	1	N (0.1,0.01)	(24,24)	0.2	N (-0.1,0)
(5,5)	0.3	N (-0.1,0)	(11,11)	0.2	N (-0.05,0)	(17,18)	1	N (0.1,0.01)	(24,M)	0.8	N (0.6,0.05)
(5,6)	0.7	N (0.4,0.04)	(11,12)	0.8	N (0.6,0.06)	(18,18)	0.2	N (-0.05,0)			

（1）质量瓶颈系统识别研究

选取机身系统（系统1）为例，测算其质量影响参数 η_1。根据上述算法，得到源头节点 1 到主制造商节点 M 的等价传递函数为：

$$W_{1,M}(s) \frac{0.672e^{1.2s+0.055s^2} + 1.008e^{1.2s+0.06s^2} + 0.672e^{1.2s+0.06s^2}}{(1-0.3e^{-0.1s})(1-0.2e^{-0.2s})[0.56e^{0.6s+0.03s^2}](1-0.4e^{-0.1s}) + 0.42e^{0.7s+0.035s^2}(1-0.2e^{-0.15s}) + 0.48e^{0.5s+0.025s^2}(1-0.3e^{-0.1s})]}$$

应用 Maple 软件可测算得到机身系统质量损失均值和标准差如下：

$$E_{1,M} = \frac{\partial}{\partial s}\left[\frac{W_{1,M}(s)}{W_{1,M}(0)}\right]\bigg|_{s=0} = 0.4582 ,$$

$$\sigma_{1,M} = \sqrt{\frac{\partial^2}{\partial s^2}\left[\frac{W_{1,M}(s)}{W_{1,M}(0)}\right]\bigg|_{s=0} - \left\{\frac{\partial^2}{\partial s}\left[\frac{W_{1,M}(s)}{W_{1,M}(0)}\right]\bigg|_{s=0}\right\}^2} = 0.2782 。$$

假设通过调研可知，主制造商对质量损失均值和标准差同等重视，即 $\gamma = \omega = 0.5$。因此机身系统的质量影响参数可计算为 $\eta_1 = \gamma E_{1,M} + \omega\sigma_{1,M} = 0.3682$。

同理，可以测算得到动力系统、传动系统、电子系统和环境系统的等价传递函数如下：

$$W_{7,M}(s) = \frac{0.56e^{1.6s+0.085s^2}}{(1-0.3e^{-0.1s})(1-0.2e^{-0.15s})} ;$$

$$W_{10,M}(s) = \frac{0.9e^{0.7s+0.03s^2}}{1-0.1e^{-0.5s}}\left[\frac{0.192e^{1.6s+0.08s^2}}{(1-0.2e^{-0.05s})(1-0.4e^{-0.2s})} + \frac{0.336e^{1.8s} + 0.08s^2}{(1-0.3e^{-0.1s})(1-0.2e^{-0.3s})}\right] ;$$

$$W_{16and17,M}(s) = \frac{0.448e^{1.3s+0.065s^2}}{(1-0.2e^{-0.05s})(1-0.3e^{-0.1s})(1-0.2e^{-0.1s})} ;$$

$$W_{21\ and\ 22\ and\ 23,M}(s) = \frac{0.267e^{0.7s+0.03s^2}}{1-0.2e^{-0.1s}}。$$

上述子系统的质量影响参数计算如下：

动力系统质量影响参数 $\eta_2 = \gamma E_{7,M} + \omega \sigma_{7,M} = 0.9738$；

传动系统质量影响参数 $\eta_3 = \gamma E_{10,M} + \omega \sigma_{10,M} = 1.3924$；

电子系统质量影响参数 $\eta_4 = \gamma E_{16\ and\ 17} + \omega \sigma_{16\ and\ 17} = 0.7969$；

环境系统质量影响参数 $\eta_5 = \gamma E_{21\ and\ 22\ and\ 23,M} + \omega \sigma_{21\ and\ 22\ and\ 23,M} = 0.4631$。

根据图4.9不难发现，$\max\{\eta_i\} = \eta_3$，这就意味着传动系统是目前复杂产品供应链的质量瓶颈。如果主制造商想要提升整机质量水平，则需要严格监控传动系统的质量水平，并采取相应措施以提升传动系统的整体质量水平。

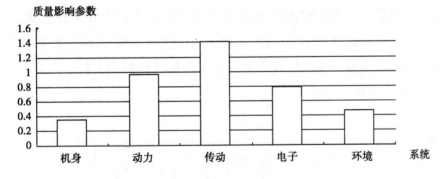

图4.9　外购子系统质量影响参数对比图

（2）子系统内部质量瓶颈供应商探测

以传动系统中供应商10为例，测算该供应商的质量影响参数。针对供应链 $10 \rightarrow M$，其质量影响参数 $\mu_{10,M} = \gamma E_{10,M} + \omega \sigma_{10,M} = 1.3924$。由于供应商10有2个下游供应商，可将其看成一个集合。计算该集合至主制造商之间等价传递函数如下：

$$W_{11\ and\ 13,M} = \frac{0.242e^{3.8s+0.175s^2}}{[0.56e^{1.7s+0.075s^2}(1-0.2e^{-0.05s})(1-0.4e^{0.2s})+0.48e^{1.4s+0.07s^2}(1-0.3e^{-0.1s})(1-0.2e^{-0.3s})](1-0.1e^{-0.5s})}$$

根据定理4.8，供应商10的质量影响参数可表示为 $\xi_{10} = \mu_{10,M} - \mu_{11\ and\ 13,M} = 0.1117$。

同理，传动系统中其他供应商的质量影响参数计算如下：

供应商 11 的质量影响参数 $\xi_{11} = \mu_{11,M} - \mu_{12,M} = 1.2120 - 0.8876 = 0.3244$；

供应商 12 的质量影响参数 $\xi_{12} = \mu_{12,M} - \mu_{15,M} = 0.8876 - 0.4729 = 0.4147$；

供应商 13 的质量影响参数 $\xi_{13} = \mu_{13,M} - \mu_{14,M} = 1.3755 - 0.8402 = 0.5353$；

供应商 14 的质量影响参数 $\xi_{14} = \mu_{14,M} - \mu_{15,M} = 0.8402 - 0.4729 = 0.3673$；

供应商 15 的质量影响参数 $\xi_{15} = \mu_{15,M} - \mu_{M,M} = 0.4729 - 0 = 0.4729$。

如图 4.10 所示，$\xi_{13} = \max\{\xi_j\}$，即供应商 13 是传动系统的质量瓶颈。如果主制造商试图提升传动系统质量水平，应针对供应商 13 首先采取相应措施提升其质量保障能力。同样，可以检测出其他系统的瓶颈供应商，为供应商质量管理工作提供针对性支持。

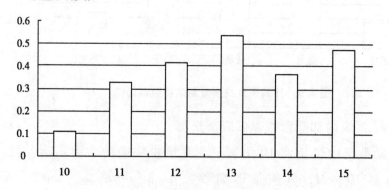

图 4.10   传动系统内部供应商质量影响参数对比分析图

本 章 小 结

在复杂产品生产系统中，由于存在数以百计的供应商，外加供应商供货网络结构错综复杂，供应链质量损失伴随着产品零部件在供应商之间不断传递、累积和放大。目前关于供应链质量损失跟踪和探测问题的研究并没有形成较为完善的理论体系。在合理测度供应商多元质量损失基础上，本章设计了一类基于供应商质量损失流动的 GERT 网络模型；以该模型为研究平台，根据其具体特征，研究相关算法描述供应商质量波动，识别并探测复杂产品供应链网络中关键质量系统及关键质量供应商，为复杂产品供应链质量管理工作提供一类崭新的研究方法。由于上述模型需要估算网络中的重要质量参数及其分布，在欠缺统计数据的情形下，如何科学、合理地估计相关质量参数的分布类型是本章继续深入的一个重要研究方向。

第五章

复杂产品供应链质量控制方案
递阶决策模型研究

　　复杂产品生产体系中，主制造商需要从全球供应商处采购种类众多的零部件，总装成最终产品并交付给客户使用。因此，复杂产品的质量水平取决于其供应链的整体质量，主制造商需要选择一系列的质量控制策略以控制外购产品的质量水平，在一系列资源约束下最大限度地实现最优控制效果。本章针对复杂产品供应链质量控制策略优选问题，设计了一类新型的供应链质量控制屋分析平台（House of supply chain quality，HSCQ），并将其转化为多目标规划模型。在考虑候选质量控制策略相关关系的基础上优选最优质量控制方案组合，实现最优的质量改善效果。结合复杂产品生产系统实际，基于供应链多层级结构设计质量控制屋网络，以控制资源传递为纽带，将其转化为多级多目标递阶决策模型，为复杂产品各级生产企业优选质量控制方案，对供应链中外购产品的质量水平实现最优控制。针对某型号商用飞机供应链为例开展应用研究，验证上述模型和方法的可行性和有效性。本章为复杂产品供应链质量控制策略递阶优选决策问题提供了一种崭新的研究思路和解决方法。

第一节　问题描述

　　为了控制外购产品质量，主制造商会定期向质量控制团队征集质量控制方案，在考虑自身资源约束的情况下优选质量控制方案组合，以实现复杂产品的最优质量改善效果。此外，主制造商需要合理地分配各类质量控制资源（人力资源、物力资源、财力资源等），以确保获批的方案能够顺利开展并达到预期效果。

在复杂产品生产系统中，最优质量控制方案的优选决策是一个多主体、多目标、交互复杂的决策问题。一方面，复杂产品供应链中供应商数目众多，其产品流向错综复杂且对最终产品质量贡献度不尽相同；另一方面，备选的质量控制方案种类繁多，彼此之间既存在着广泛联系又包含着了资源需求冲突。因此主制造商需要从供应链角度出发，在一系列资源约束下优选出最优的质量控制方案组合，并合理分配质量控制资源。进一步而言，复杂产品供应链中各级供应商在推行和细化主制造商的质量控制方案过程中，同样需要在细化的子方案中优选最优子方案组合。由于供应链中任何企业主体都可以看成一个独立的决策系统，供应链质量方案优选决策可以看成一类含有许多决策系统的决策系统（Decision system of decision systems），体现了递阶决策的重要思想。

在国际市场的激烈竞争中，越来越多的企业意识到了质量管理工作的重要性，并积极寻求各种质量控制方案，以提升其产品的质量竞争力。瓦西拉基斯（Vassilakis）和贝塞里斯（Besseris）在某航空发动机组装工序中拓展了全面质量管理（Total quality management, TQM）的范畴，综合应用了控制图、鱼骨图、统计过程控制等多种质量控制方法，搜集重要的生产信息和鉴别质量隐患。山德那亚克（Sandanayake）和奥多查（Oduoza）应用计算机仿真和线性模型研究了准时化生产（Just in time, JIT）策略对产品质量的影响，并结合某汽车零部件生产系统开展实证研究。李（Li）和艾尔雷菲尔（Al-Refaie）分析了 DMAIC（Define-measure-analyze-improve-control）方法在木材加工企业中的质量改善效果，结果表明 DMAIC 方法可以有效地降低生产成本、消除质量隐患，最终提升客户满意度。舒（Shu）和宗（Tsung）讨论了多因素选控图（Cause-selecting chart，CSC）的应用背景，并结合某多阶段生产流程验证其质量改善效果。

质量功能展开（Quality function development，QFD）思想最早由赤尾洋二（Yoji Akao）教授于1966年提出，是一种可以将客户质量需求转化为工程措施的系统分析方法，已经广泛地应用于服务业、制造业、军工产业（如美国 F-35 战斗机研发）和新兴科技产业。克里斯亚诺（Cristiano）、李克特（Liker）和怀特（White）调查了美国和日本的400余家企业 QFD 的使用情况，结果发现大多数美国公司主要使用其中的质量屋（House of quality）技术，而日本公司更多偏重于使用生产数据进行产品质量规划。德利斯（Delice）和刚格（Güngör）提出了一种基于混合整数规划和 Kano 模型的 QFD 优化方法，试图从大量的质量设计需求中探寻最优方案。恩格尼尔（Erginel）提出了一类基于不确定信息的 QFD 失效矩阵，该方法可以有效地缩减不必要的质量测量和检验工作。哈塔恰亚（Bhattacharya）、格拉蒂（Geraghty）和杨（Young）设计了一类基于层次分析法（Analytic hierarchy process，AHP）和 QFD 的工程方法，可以在企业价值链中优选出高质量的供应商。

纵观国内外相关文献不难发现，关于质量控制方案优选问题的现有研究主要局限于单个企业内部，没有上升到供应链层面并考虑企业之间的递阶决策问题。在复杂产品供应链内部，各级供应商数目繁多，外购产品、系统和零部件种类多样，备选的质量控制方案不胜枚举，再加上方案彼此之间复杂的相互影响关系，主制造商很难在资源约束下确定优先推行的方案组合，实现供应链整体质量的最优改善。更为重要的是，复杂产品供应链中各级供应商在优选质量控制子方案过程中，同样需要考虑上述问题，以提升自身对外购件的质量管理水平。根据文献检索的结果，目前涉及供应链质量控制方案递阶决策的研究尚属理论空白，无法起到指导实践的作用，给实际企业日常运作带来了诸多的不便。根据牛鞭效应，如果供应链前端质量控制效果不佳，最终产品的整体质量将受到极大的影响。主制造商在激烈的市场竞争中将无谓增加许多质量运作成本，其供应链质量控制工作效果将大打折扣。

第二节 供应链质量控制屋模型设计及模块分析

供应链质量控制工作需要掌握多维度决策信息，如外购产品类别及其质量改善计划、质量控制方案及其相互作用关系、质量控制资源预算，等等。科学分析相关重要信息及其内在关系，是供应链质量方案决策的前提和基础。因此，本章结合质量展开原理，设计了一类新的理论分析平台——供应链质量控制屋 HSCQ。该平台可用于辅助决策者搜集相关类别的质量决策信息，并为供应链质量控制工作提供强有力的决策信息支持。HSCQ 模型框架及组成模块信息如图 5.1 所示。

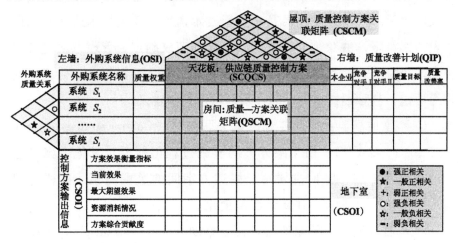

图 5.1 供应链质量控制屋模型示意图

不难看出，HSCQ 内含六大基本模块：屋顶、天花板、左墙、房间、右墙和地下室。各模块可以辅助决策者搜集相关决策信息，具体分析如下：

（1）左墙模块：外购系统信息（Outsourcing system information,

OSI)。左墙主要用于描述供应链中外购系统及其质量关系等相关信息，主要包括系统名称、系统间质量关系及其对最终产品的质量贡献度权重。外购系统是指企业从 1 级供应商处购买的产品系统，其中外购系统 S_i 还可以根据需要细分为若干子系统 S_i；系统间质量关系描述某系统的质量变化对其他系统质量的影响程度；质量权重含义为外购系统质量对最终产品质量的贡献度，可以通过 AHP（analytic hierarchy process）等方法获得。值得注意的是，系统间质量关系可以采用一系列图形符号来表示，并赋予数值进行量化。

（2）天花板模块：供应链质量控制方案（Supply chain quality control strategies，SCQCS）。天花板陈列着可供选择的供应链控制方案，通常是由质量控制小组提出的质量改善项目。根据供应链中企业的实际情况，各方案可从不同角度细化为诸多子方案。一般而言，供应链质量控制方案主要分为工程方案和管理方案，并可选取一些指标衡量方案实施效果。工程方案主要是从工程技术角度，通过技术改进提出的质量控制策略，由专业工程技术人员共同商议确定。管理方案主要以提高效率、减少浪费为出发点，结合工业工程、项目管理、供应链管理等理论，从管理视角提出的一系列质量控制建议。

（3）屋顶模块：质量控制方案关联矩阵（Control strategy correlation matrix，CSCM）。由于某方案的实施过程可能会对其他方案产生促进或抑制影响，屋顶主要用于描述方案间的关联关系，同样可以采用图形化符号表示，并赋予数值量化。

（4）右墙模块：质量改善计划（Quality improvement plan，QIP）。右墙主要表示通过与竞争对手在外购系统质量上的类比分析，制订的一系列质量改善计划。根据外购系统质量现状和改善目标，可以求得各系统的质量计划改善率。

（5）房间模块：质量—方案关联矩阵（Quality-strategy correlation matrix，QSCM）。根据质量改善项目的效果预测，可以大致确定质量控制方案对各外购系统质量的改善效果。因此，房间模块可以将系统质量改善目标转化为方案实施效果改善计划。同系统间质量关系和方案关联关系一样，质量—方案关联同样可以采用图形化符号表示，并赋予数值量化。

（6）地下室模块：控制方案输出信息（Control strategy output information，CSOI）。地下室主要用于描述各质量控制方案的当前效果、最大期望效果、资源需求等信息，为实现"质量改善—方案实施效果"的转化提供信息和数据支持。

第三节　基于 HSCQ 信息的多目标规划模型设计

根据各模块中陈列的相关信息，HSCQ 平台可以表征为一类多目标规划模型，辅助决策者确定优先实施的质量控制方案组合，尽可能地实现供应链质量改善目标。

一　质量控制方案独立改善率和综合改善率测算

假设左墙列有 m 个外购系统，$S = \{S_1, S_2, \cdots, S_m\}$，其质量权重为 $W = (w_1, w_2, \cdots, w_m)$；根据右墙的类比分析，企业设计的外购系统质量计划改善率为 $= (h_1, h_2, \cdots, h_m)$；天花板内列出了 n 项备选的质量控制方案，$C = \{c_1, c_2, \cdots, c_n\}$，其当前效果和预计效果分别为 $\underline{E}(e_1, e_2 \cdots, e_n)^T$ 和 $\widetilde{E} = (\widetilde{e_1}, \widetilde{e_2}, \cdots, \widetilde{e_n})^T$。

定义5.1：质量控制方案 C 的独立改善率 $X = (x_1, x_2, \cdots, x_n)^T$ 是指单独推行某项方案所带来的独立改善效果。综合改善率 $Y = (y_1, y_2, \cdots, y_n)^T$ 是指在全面考虑方案之间的关联关系的情况下，方案集 C 的综合改善效果，因此

$$X = | \widetilde{E} - \underline{E} | / \underline{E} \tag{5.1}$$

定理5.1：假设屋顶内方案关联 CSCM 为线性矩阵 $A = \{a_{ij}\}_{n \times n}$，其中 a_{ij} 为方案 c_i 与 c_j 的关联系数（可通过统计方法或极大熵模型获得）。质量控制措施独立改善率 X 和综合改善率 Y 满足如下关系：

$$Y = AX \tag{5.2}$$

证明：由于 $a_{ij} = a_{ji}$，CSCM 为实对称矩阵，$A = A^T$。方案 C_i 的综合改善率可以表示为：

$$y_i = 1 \times x_i + \sum_{\substack{j=1 \\ j \neq i}}^{n} a_{ij}x_j = \left(1 + \sum_{\substack{j=1 \\ j \neq i}}^{n} a_{ij}\right)x_i = \sum_{k=1}^{n} a_{ij}x_k$$

用矩阵形式可表达为 $Y = AX$。得证。

二 产品整体质量改善效果和方案的质量贡献度测算

假设根据房间信息得到质量—方案关联矩阵 QSCM 为 $R = \{r_{ij}\}_{m \times n}$，其中 r_{ij} 为方案 c_j 的综合改善率 y_j 与系统 S_i 质量改善率 α_i 的关联系数；左墙内系统质量关联矩阵为 $O = \{o_{ij}\}_{m \times m}$，其中 O_{ij} 指系统 S_i 和 S_j 的质量关联系数。系统质量相互影响下的系统质量改善效果可表示为 $\Phi = \{\varphi_i\}_{m \times 1} = ORY$。

定理 5.2：产品整体质量改善效果 Δ 与质量控制方案独立改善率 X 之间存在如下关系：

$$\Delta = V^T X \tag{5.3}$$

其中 V 为控制方案对产品整体质量的质量贡献度矩阵，即 $V = AR^T OW^T$。

证明：产品整体质量改善效果 Δ 可以视为各系统质量改善效果的加权之和，因此

$$\Delta = W\Phi = W(ORY) = W(ORAX) = (WORA)X \tag{5.4}$$

由于 A 和 O 为实对称矩阵，$A = A^T$ 且 $O = O^T$，

$$\Delta[(RA)^T(WO)^T]^TX = (A^T R^T O^T W^T)^T X = (AR^T OW^T)^T X \tag{5.5}$$

对比（5.3）和（5.5）可以发现，令控制方案的质量贡献度矩阵为 $V = AR^T OW^T$，产品整体质量改善效果可表示为 $\Delta = V^T X$。得证。

三 质量控制方案优选决策的多目标规划模型设计

供应链质量管理工作往往存在多个优化目标，主要体现在以下三

个方面：

目标 1：产品整体质量改善目标

制造商通过实施质量控制方案以期获得令人满意的产品整体质量改善效果，该效果需要完成右墙设计的整体质量改善计划。因此产品整体质量改善目标可以表示为：

$$\Delta = (AR^TOW^T)^TX \geqslant WH \tag{5.6}$$

目标 2：系统质量改善目标

制造商寻求的不仅是完成整体质量改善计划，同样希望能够实现各外购系统的质量提升计划。因此，系统质量改善目标可以表示为：

$$R(AX) \geqslant H \tag{5.7}$$

目标 3：资源消耗目标

在方案实施过程中，企业希望投入的质量控制资源能够控制在资源预算之内。假设存在 k 类质量控制资源，其预算为 $B = (b_1, b_2, \cdots, b_k)^T$，资源重要度权重为 $\Gamma = (\varphi_1, \varphi_2, \cdots, \varphi_k)$。另设通过地下室信息得到方案资源消耗矩阵为 $G = \{g_{ij}\}_{k \times n}$，则资源消耗目标可以表示为：

$$GX \leqslant B \tag{5.8}$$

由于各种主客观原因，方案的实施效果往往存在一定极限。假设方案的最大期望效果为 $\hat{E} = (\hat{e_1}, \hat{e_2}, \cdots, \hat{e_n})^T$，方案改善率约束可表示为：

$$0 \leqslant X \leqslant |\hat{E} - \underline{E}| / \underline{E} \tag{5.9}$$

基于上述分析，假设 $P_{obj^{(i)}}$ 为目标 i 的执行优先级，HSCQ 可以转化为一类多目标决策模型：

$$\min Z = P_{obj^{(1)}}d_1^- + P_{obj^{(2)}}WD_2^- + P_{obj^{(3)}}\Gamma D_3^+$$

$$s.t. \begin{cases} (AR^TOW^T)^TX + d_1^- - d_1^+ = WH \\ R(AX) + D_2^- - D_2^+ = H \\ GX + D_3^- - D_3^+ = B \\ 0 \leqslant X \leqslant |\hat{E} - \underline{E}| / \underline{E} \\ d_1^-, d_1^+, D_2^-, D_2^+, D_3^-, D_3^+ \geqslant 0 \end{cases} \tag{5.10}$$

其中，$D_2^- = (d_{2,1}^-, \cdots, d_{2,m}^-)^T$，$D_3^- = (d_{3,1}^-, d_{3,2}^-, \cdots, d_{3,k}^-)$；$d_i^+$ 和 d_i^- 分别指目标实现的正、负偏差；根据经典的多目标算法，可以得到各质量控制方案的最优独立改善率 $X^* = (x_1^*, x_2^*, \cdots, x_n^*)^T$，以获得最优的供应链质量控制效果。如果 $x_i^* \neq 0, i \in \{1, 2, \cdots, n\}$，则表示方案 i 被批准优先执行。此外，制造商需要为方案 c_i 分配资源 $T_i^* = \{x_i^* g \cdot i\}$，以确保方案能够顺利开展并获得预期效果。

第四节　复杂产品供应链的 HSCQ 网络及递阶多目标规划模型

一　复杂产品供应链的 HSCQ 网络

按照供货关系，复杂产品生产系统的供应商隶属于不同等级，并构成一个多级的供应商体系。复杂产品供应商主要包括系统供应商（1 级供应商，直接给主制造商提供系统模块）、子系统供应商（2 级供应商，为系统供应商提供子系统部件）、零部件供应商（3 级供应商，为子系统供应商提供零部件），以此类推。在复杂产品供应链中，各级供应商均可以构建自己的 HSCQ 以控制外购产品质量。更为重要的是，根据各级供应商的实际情况，主制造商设计的质量控制方案需要在供应链中得到进一步细化和推广，进而保证质量控制方针能够落到实处并实现预期效果。基于上述思想，构建复杂产品HSCQ 网络模型，其中包含着复杂产品级 HSCQ、系统级 HSCQ 和子系统级 HSCQ，如图 5.2 所示。

在图 5.2 所示的复杂产品 HSCQ 网络模型中，复杂产品级 HSCQ位于第 1 层级，为主制造商管理外购系统质量并确定优先实施的供应链级质量控制方案。根据外购系统的质量改善贡献度，可将第 1 级最优解转化为系统供应商的控制资源预算。根据第 2 层级的系统级HSCQ，系统级供应商可以管理外购子系统质量并确定优先系统级质

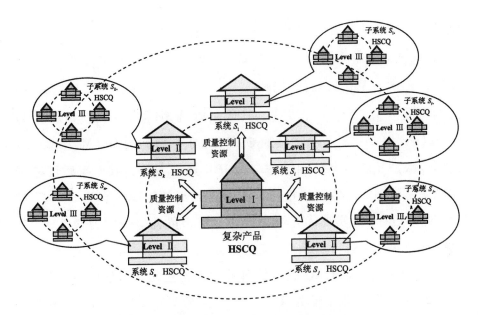

图 5.2　复杂产品供应链 HSCQ 网络模型示意图

量控制方案。需要说明的是，根据系统供应商的生产实际，供应链级质量控制方案可以视为系统级质量控制方案经细化后的子方案。同理，子系统级 HSCQ 能够辅助子系统级供应商管理外购部件质量并优选子系统级质量控制方案集。通过图 5.2 不难看出，质量控制资源是联系各级 HSCQ 的纽带，也是供应链质量控制方案能够顺利实施和细化的基础。由于各 HSCQ 均可以看成一个独立的决策系统，复杂产品 HSCQ 网络则是一类包含着众多决策系统的决策系统（Decision system of decision systems），体现着递阶决策的重要思想。一方面，高等级 HSCQ 控制低等级 HSCQ，为其规划质量控制总方针并提供质量控制资源；另一方面，低等级 HSCQ 是高等级 HSCQ 的具体和细化，体现着质量控制方案的衔接和继承。

二　复杂产品供应链质量控制的多级多目标规划决策模型

根据复杂产品 HSCQ 网络结构，可以将其转化为一类多级多目标递阶决策模型。假设网络共有 t 级 HSCQ，第 i（$i \in \{1, 2, \cdots, t\}$）

级某 HSCQ 天花板含有 n^i 项备选的质量控制方案 $C^i = \{c_1^i, c_2^i, \cdots, c_{n^i}^i\}$，其独立改善率为 $X^i = (x_1^i, x_2^i, \cdots, x_{n^i}^i)^T$，当前效果为 $\underline{E}^i = (\underline{e_1^i}, \underline{e_2^i}, \cdots, \underline{e_{n^i}^i})^T$，最大期望效果为 $\hat{E}^i = (\hat{e_1^i}, \hat{e_2^i}, \cdots, \hat{e_{n^i}^i})$；左墙列出 m^i 种外购产品 $\{S_1^i, S_2^i, \cdots, S_{m^i}^i\}$，其质量管理矩阵为 O^i，质量权重为 $W^i = (w_1^i, w_2^i, \cdots, w_{m^i}^i)$；屋顶的 CSCM 为 A^i，房间的 QSCM 为 R^i；右墙内外购产品的质量计划改善率为 H^i；地下室中列有 k 类质量控制资源，资源预算、资源权重和方案的资源消耗矩阵分别为 B^i、Γ^i 和 G^i。此外目标 j 的实现优先级为 $P_{obj^{(j)}}^i$，正、负偏差分别为 $(d^i.)^{+(-)}$ 或 $(D^i.)^{+(-)}$。

为了将高层级 HSCQ 的最优解转化为次层级 HSCQ 的资源约束，定义 R^i 的列归一化矩阵为 $R^{i'} = \{r_{\alpha\beta}^i{}'\}$。假设第 i 级 HSCQ 的最优解为 $X^{i*} = (x_1^{i*}, x_2^{i*}, \cdots, x_{n^i}^i{}^*)^T$，方案 c_j^i 的资源分配矩阵 $T_j^{i*} = \{x_j^{i*} g_{\cdot j}^i\}$。根据产品 S_l^i 在推行方案 c_j^i 中的质量改善贡献度 $r_{l j}^i$，产品 S_j^i 的供应商可获得质量控制资源 $B^{i+1} = \{r_{lj}^i x_j^{i*} g_{\cdot j}^i\}_{k \times 1}$。第 s 级 HSCQ（$s \in \{2, 3, \cdots, t\}$）的多目标规划模型可表示为：

$$\min Z^S = P_{obj^{(1)}}^S (d_1^s)^- + P_{obj^{(2)}}^S W^i (D_2^S)^- + P_{obj^{(3)}}^S \Gamma^S (D_3^S)^+$$

$$s.t. \begin{cases} (A^S(R^S)^T O^S (W^S)^T)^T X^S + (d_1^S)^- - (D_1^S)^+ = W^S H^S \\ R^S(A^S X^S) + (D_2^S)^- - (D_2^S)^+ = H^S \\ G^S X^S + (D_3^S)^- - (D_3^3)^+ = B^S \\ 0 \leqslant X^S \leqslant | \hat{E}^S - \underline{E}^S | / \underline{E}^S \\ B^S = \{r_{lj}^{s-1}{}' x_j^{s-1} \cdot g_{\cdot j}^{s-1}\}_{k \times 1} \\ (d_1^s)^-, (d_1^s)^+, (D_2^S)^-, (D_2^S)^+, (D_3^S)^-, (D_3^S)^+ \geqslant 0 \end{cases} \quad (5.11)$$

将规划（5.11）中的约束条件定义为 con^s，根据复杂产品供应链 HSCQ 网络结构，可以得到一类多级多目标递阶决策模型如下：

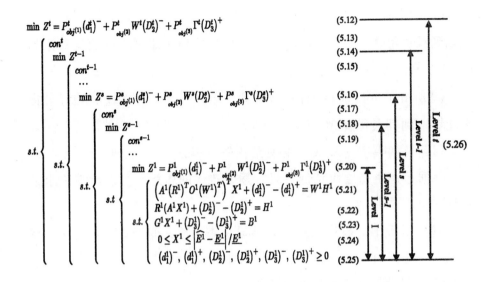

其中，公式（5.20）至公式（5.25）构成第 1 级多目标决策模型，帮助主制造商制定系统级质量控制方案的最优组合。将第 1 级最优解 X^{1*} 按照规则转化为第 2 级模型的资源约束，可得第 2 级最优解 X^{2*} 和子系统质量控制最优方案组合。以此类推，各级最优解能够辅助供应链中各级企业优选各自的质量控制最优方案组合并制订资源最优分配策略，进而有效地推行主制造商制定的供应链质量控制方案，保障质量控制方案在供应链中的传递性和继承性。

三　递阶求解算法设计

定理 5.3：假设复杂产品 HSCQ 网络共有 t 等级，第 i 级（$i \in \{1, 2, \cdots, t\}$）规划的可行域为 ζ_i，且 $\forall_i$，$\exists \zeta_i$ 有界，则规划模型（5.26）必有最优解。

证明：假设第 i 级规划的目标方程和可行解分别为 Z^i 和 X^i，结合数学归纳法可得：

（1）当 $i = 1$，ζ_1 有界。根据目标规划理论，第 1 级规划必然能在其可行域边界处取到最优解 X^{1*}。

（2）假设第 i 级规划（$i \in \{1, 2, \cdots, t-1\}$）能在其可行域 ζ_i 上取到最优解 X^{i*}。根据转化规则，可得第 $i+1$ 级规划的资源约束为 $G^{i+1}X^{i+1} \leqslant \{r_{lj}^i \, {}'x_j^{i*} \, g_{\cdot j}^i\}_{k \times 1}$。

（3）由于可行域 ζ_{i+1} 存在且有界，第 $i+1$ 级规划在 ζ_{i+1} 边界处肯定能够取到其最优解 X^{i+1*}。

因此规划模型（5.26）必有最优解。得证。

根据上述由高层级到低层级、逐级迭代的思想，可设计递阶求解算法如下：

（1）求解第 1 级规划并得到其最优解 X^{1*}。如果 X^{1*} 不存在，分析原因并返回第 1 级 HQCS 重新评估相关信息。

（2）假设得到第 i 级规划的最优解 X^{i*}，$i \in \{1, 2, \cdots, t-1\}$ 将其按照规则 $G^{i+1}X^{i+1} \leqslant \{r_{lj}^i \, {}'x_j^{i*} \, g_{\cdot j}^i\}_{k \times 1}$ 转为第 $i+1$ 级规划的资源总量约束，并探求最优解 X^{i+1*}。如果 X^{i+1*} 不存在，分析原因并返回第 $i+1$ 级 HQCS 重新评估相关信息。

（3）重复上一步骤直至 $i = t$，并计算第 t 级规划最优解 $x^{t*} = (x_1^{t*}, x_2^{t*}, \cdots, x_{nt}^{t*})$。如果 $x_l^{t*} > 0, l \in \{1, 2, \cdots, n^t\}$ 则表示质量控制方案 m_l 被选为优选推行方案，为其分配质量控制资源 $T_l^* = |x_l^* \, g_{\cdot l}|$ 使该方案能够顺利执行并能达到预期效果。

为了更好地进行计算机仿真运算，编制算法流程图如图 5.3 所示。

对于 t 级 HSCQ 网络模型中的所有多目标规划，假设第 i，$i \in \{1, 2, \cdots, t\}$ 级规划 Φ_i 的可行域为一有界域，其内含 m_i 种外购产品和 k_i 类被分配的质量控制资源。因此该级规划的自变量数目为 $m_i + k_i + 1$。另设规划 Φ_i 的规模为 L_i，根据 Khachiian 提出的多项式时间算法，规划 Φ_i 的计算复杂度为 $O[(m_i + k_i + 1)^4 L_i^2]$。由于多级多目标规划是从等级 1 至等级 t 进行逐级求解，因此，上述递阶求解算法的计算复杂度为 $\max_i O[(m_i + k_i + 1)^4 L_i^2], i \in \{1, 2, \cdots, t\}$。

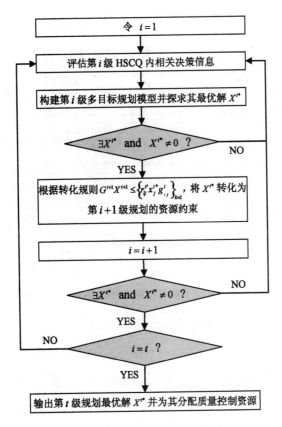

图5.3 递阶求解算法流程图

第五节 应用研究

本章选取某型号商用飞机供应链系统质量控制方案递阶决策问题开展应用研究。该商用飞机的外购部件主要有五类系统，其下设20种子系统，如图5.4所示。

通过多轮评选，共有6项供应链级质量控制方案 $C^1 = \{c_1^1, c_2^1, \cdots, c_6^1\}$ 进入终选阶段，分别为：c_1^1：供应链协同研发与协同创新；c_2^1：构建供应链质量信息系统；c_3^1：供应商质量激励体系设计；c_4^1：供应商质量保障能力动态评价与监控；c_5^1：供应链联合质量管理体系设计；c_6^1：强化质量检验能力。考虑到动力系统供应商的实际情

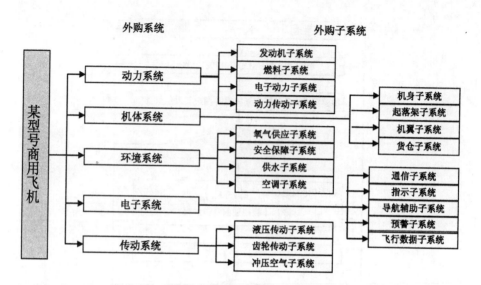

图 5.4　某型号商用飞机外购产品构成示意图

况，方案 c_1^1 在执行过程中可细化为以下 5 种子方案：$c_{1,1}^1$：CAD（Computer aided design）、CAE（Computer aided engineering）和 CAPP（Computer aided process plan）高度集成；$c_{1,2}^1$：强化模块化的零部件研发和使用；$c_{1,3}^1$：推广基于并行设计的虚拟装配技术；$c_{1,4}^1$：构建矩阵式研发模式；$c_{1,5}^1$：提升 EDI（Electronic data interchange）技术及应用。根据方案申请书和专家的判断结果，上述方案和子方案的最大改善效果和资源需求情况如表 5.1 所示。用于质量改善的人力资源总量为 40 标准当量人，财力资源为 2.5 万美元。基于商业安全，上述数据均已加密。

表 5.1　　　　　　　　质量控制方案信息表

质量控制方案/子方案	c_1^1	c_2^1	c_3^1	c_4^1	c_5^1	c_6^1	$c_{1,1}^1$	$c_{1,2}^1$	$c_{1,3}^1$	$c_{1,4}^1$	$c_{1,5}^1$
最大改善效果（%）	8.4	5.2	7.6	10.2	4.5	5.1	5.2	10.0	6.4	3.2	9.4
改善1%需求人力资源（标准当量人）	0.8	2.0	1.0	1.2	0.7	0.8	0.9	0.6	0.4	0.4	0.5
改善1%需求人力资源（千美元）	2.2	3.5	4.2	1.7	3.8	2.4	2.0	1.3	1.2	1.0	1.7

根据图 5.2 分别为主制造商和动力系统供应商设计 1 级复杂产品

HSCQ 和 2 级动力系统 HSCQ，并根据规划模型（5.26）构建递阶多目标规划模型如下：

$$\min Z_1^2 = P_{obj(1)}^2 (d_1^2)^- + P_{obj(2)}^2 (0.4,\ 0.3,\ 0.15,\ 0.15) \left((d_{2,1}^2)^-,\ (d_{2,2}^2)^-,\ (d_{2,3}^2)^-,\ (d_{2,4}^2)^-\right)^T + P_{obj(3)}^2 (1,\ 1) \left((d_{3,1}^2)^+,\ (d_{3,2}^2)^+\right)^T$$

$$s.t.\ \begin{cases}
\left(\begin{bmatrix} 0.9 & 0.1 & 0.3 & 0 & 0.5 \\ 0.1 & 0.9 & 0.1 & -0.1 & 0 \\ 0.3 & 0.1 & 0.9 & 0 & 0.1 \\ 0 & -0.1 & 0 & 0.9 & 0 \\ 0.5 & 0 & 0.1 & 0 & 0.9 \end{bmatrix} \begin{bmatrix} 0.7 & 0.5 & 0.7 & 0.1 & 0.1 \\ 0.3 & 0.1 & 0 & 0.3 & 0.1 \\ 0.3 & 0.5 & 0 & 0.3 & 0.5 \\ 0.5 & 0.3 & 0.1 & 0.1 & 0.1 \end{bmatrix}^T \begin{bmatrix} 0.9 & 0.3 & 0 & 0.1 \\ 0.3 & 0.9 & 0 & 0.1 \\ 0 & 0 & 0.9 & 0.3 \\ 0.1 & 0.1 & 0.3 & 0.9 \end{bmatrix}^T \begin{bmatrix} 0.4 \\ 0.3 \\ 0.15 \\ 0.15 \end{bmatrix}^T \begin{bmatrix} x_{1,1}^2 \\ x_{1,2}^2 \\ x_{1,3}^2 \\ x_{1,4}^2 \\ x_{1,5}^2 \end{bmatrix} \right) + (d_1^2)^- - (d_1^2)^+ = \\
\qquad (0.4,\ 0.3,\ 0.15,\ 0.15)\ (2\%,\ 3\%,\ 4\%,\ 2\%)^T \\[6pt]
\begin{bmatrix} 0.7 & 0.5 & 0.7 & 0.1 & 0.1 \\ 0.3 & 0.1 & 0 & 0.3 & 0.1 \\ 0.3 & 0.5 & 0 & 0.3 & 0.5 \\ 0.5 & 0.3 & 0.1 & 0.1 & 0.1 \end{bmatrix} \begin{bmatrix} 0.9 & 0.1 & 0.3 & 0 & 0.5 \\ 0.1 & 0.9 & 0.1 & -0.1 & 0 \\ 0.3 & 0.1 & 0.9 & 0 & 0.1 \\ 0 & -0.1 & 0 & 0.9 & 0 \\ 0.5 & 0 & 0.1 & 0 & 0.9 \end{bmatrix} \begin{bmatrix} x_{1,1}^2 \\ x_{1,2}^2 \\ x_{1,3}^2 \\ x_{1,4}^2 \\ x_{1,5}^2 \end{bmatrix} - \begin{bmatrix} (d_{2,1}^2)^- \\ (d_{2,2}^2)^- \\ (d_{2,3}^2)^- \\ (d_{2,4}^2)^- \end{bmatrix} + \begin{bmatrix} (d_{2,1}^2)^+ \\ (d_{2,2}^2)^+ \\ (d_{2,3}^2)^+ \\ (d_{2,4}^2)^+ \end{bmatrix} = \begin{pmatrix} 2\% \\ 3\% \\ 4\% \\ 2\% \end{pmatrix} \\[6pt]
\begin{bmatrix} 0 \\ 0 \\ 0 \\ 0 \\ 0 \end{bmatrix} \le \begin{bmatrix} x_{1,1}^2 \\ x_{1,2}^2 \\ x_{1,3}^2 \\ x_{1,4}^2 \\ x_{1,5}^2 \end{bmatrix} \le \begin{bmatrix} 5.2\% \\ 10.0\% \\ 6.4\% \\ 3.2\% \\ 9.4\% \end{bmatrix} \\[6pt]
\begin{bmatrix} 0.9 & 0.6 & 0.4 & 0.4 & 0.5 \\ 2.0 & 1.3 & 1.2 & 1.0 & 1.7 \end{bmatrix} \left(x_{1,1}^2\ \ x_{1,2}^2\ \ x_{1,3}^2\ \ x_{1,4}^2\ \ x_{1,5}^2 \right)^T - \begin{bmatrix} (d_{3,1}^2)^- \\ (d_{3,2}^2)^- \end{bmatrix} + \begin{bmatrix} (d_{3,1}^2)^+ \\ (d_{3,2}^2)^+ \end{bmatrix} = B^2 \\[6pt]
B^2 = r_{11}'\left\{ x_1^{1*} g_{\bullet 1}^1 \right\}
\end{cases}$$

$$\min Z^1 = P_{obj(1)}^1 (d_1^1)^- + P_{obj(2)}^1 (0.4,\ 0.1,\ 0.2,\ 0.1,\ 0.2) \left((d_{2,1}^1)^-,\ (d_{2,2}^1)^-,\ (d_{2,3}^1)^-,\ (d_{2,4}^1)^-,\ (d_{2,5}^1)^-\right)^T$$
$$+ P_{obj(3)}^1 (1,\ 1) \left((d_{3,1}^1)^+,\ (d_{3,2}^1)^+\right)^T$$

$$s.t.\ \begin{cases}
\left(\begin{bmatrix} 0.9 & 0.5 & 0.1 & 0 & 0.1 & 0 \\ 0.5 & 0.9 & 0 & 0.5 & 0 & 0 \\ 0.1 & 0 & 0.9 & 0 & 0.3 & 0.1 \\ 0 & 0.5 & 0 & 0.9 & 0.5 & 0.3 \\ 0.1 & 0 & 0.3 & 0.5 & 0.9 & 0.3 \\ 0 & 0 & 0.1 & 0.3 & 0.3 & 0.9 \end{bmatrix} \begin{bmatrix} 0.9 & 0.5 & 0.3 & 0.1 & 0.3 & 0.3 \\ 0.3 & 0.3 & 0.1 & 0.3 & 0.3 & 0.1 \\ 0.7 & 0.3 & 0.3 & 0.1 & 0.3 & 0.5 \\ 0.7 & 0.3 & 0.1 & 0.5 & 0.3 & 0.3 \\ 0.7 & 0.3 & 0.3 & 0.5 & 0.3 & 0.3 \end{bmatrix}^T \begin{bmatrix} 0.9 & 0 & 0.1 & 0.1 & 0.5 \\ 0 & 0.9 & 0 & 0 & 0.1 \\ 0.1 & 0 & 0.9 & 0.3 & 0 \\ 0.1 & 0.3 & 0.3 & 0.9 & 0.1 \\ 0.5 & 0 & 0.1 & 0.1 & 0.9 \end{bmatrix} \begin{bmatrix} 0.4 \\ 0.1 \\ 0.2 \\ 0.1 \\ 0.2 \end{bmatrix}^T \begin{bmatrix} x_1^1 \\ x_2^1 \\ x_3^1 \\ x_4^1 \\ x_5^1 \\ x_6^1 \end{bmatrix} \right) \\
\quad + (d_1^1)^- - (d_1^1)^+ = (0.4,\ 0.1,\ 0.2,\ 0.1,\ 0.2)\ (20\%,\ 8\%,\ 18\%,\ 17\%,\ 15\%)^T \\[6pt]
\begin{bmatrix} 0.9 & 0.5 & 0.3 & 0.1 & 0.3 & 0.3 \\ 0.3 & 0.3 & 0.1 & 0.3 & 0.3 & 0.1 \\ 0.7 & 0.3 & 0.3 & 0.1 & 0.3 & 0.5 \\ 0.7 & 0.3 & 0.1 & 0.5 & 0.3 & 0.3 \\ 0.7 & 0.3 & 0.3 & 0.5 & 0.3 & 0.3 \end{bmatrix} \begin{bmatrix} 0.9 & 0.5 & 0.1 & 0 & 0.1 & 0 \\ 0.5 & 0.9 & 0 & 0.5 & 0 & 0 \\ 0.1 & 0 & 0.9 & 0 & 0.3 & 0.1 \\ 0 & 0.5 & 0 & 0.9 & 0.5 & 0.3 \\ 0.1 & 0 & 0.3 & 0.5 & 0.9 & 0.3 \\ 0 & 0 & 0.1 & 0.3 & 0.3 & 0.9 \end{bmatrix} \begin{bmatrix} x_1^1 \\ x_2^1 \\ x_3^1 \\ x_4^1 \\ x_5^1 \\ x_6^1 \end{bmatrix} + \begin{bmatrix} (d_{2,1}^1)^- \\ (d_{2,2}^1)^- \\ (d_{2,3}^1)^- \\ (d_{2,4}^1)^- \\ (d_{2,5}^1)^- \end{bmatrix} - \begin{bmatrix} (d_{2,1}^1)^+ \\ (d_{2,2}^1)^+ \\ (d_{2,3}^1)^+ \\ (d_{2,4}^1)^+ \\ (d_{2,5}^1)^+ \end{bmatrix} = \begin{pmatrix} 20\% \\ 8\% \\ 18\% \\ 17\% \\ 15\% \end{pmatrix} \\[6pt]
100 \begin{bmatrix} 0.8 & 2.0 & 1.0 & 1.2 & 0.7 & 0.8 \\ 1.5 & 3.5 & 1.3 & 3.2 & 4.3 & 2.4 \end{bmatrix} \begin{bmatrix} x_1^1 \\ x_2^1 \\ x_3^1 \\ x_4^1 \\ x_5^1 \\ x_6^1 \end{bmatrix} + \begin{bmatrix} (d_{3,1}^1)^- \\ (d_{3,2}^1)^- \end{bmatrix} - \begin{bmatrix} (d_{3,1}^1)^+ \\ (d_{3,2}^1)^+ \end{bmatrix} = \begin{pmatrix} 40 \\ 25 \end{pmatrix} \\[6pt]
\begin{bmatrix} 0 \\ 0 \\ 0 \\ 0 \\ 0 \\ 0 \end{bmatrix} \le \begin{bmatrix} x_1^1 \\ x_2^1 \\ x_3^1 \\ x_4^1 \\ x_5^1 \\ x_6^1 \end{bmatrix} \le \begin{bmatrix} 15.6\% \\ 14.7\% \\ 10.0\% \\ 12.4\% \\ 8.7\% \\ 9.4\% \end{bmatrix}
\end{cases}$$

（1）求解第 1 级模型可得最优解 $X^{1*} = (x_1^{1*},\ x_2^{1*},\ x_3^{1*},\ x_4^{1*},\ x_5^{1*},\ x_6^{1*})^T = (15.6\%,\ 0,\ 10\%,\ 0,\ 0,\ 4.6\%)^T$。这意味着供应链级质量控制方案 c_1^1、c_3^1 和 c_6^1 被选作优先执行。如果按照表 5.2 所列结果分配质量控制资源，则可以实现复杂产品质量的最优改善效果。其中复杂产品整体质量预计提升 29.83%，5 大系统质量分别预计提升 24.20%、10.66%、20.66%、18.90% 和 20.19%。

表 5.2 质量控制方案资源分配表

质量控制方案	c_1^1	c_2^1	c_3^1	c_4^1	c_5^1	c_6^1
需要人力资源 （标准当量人）	12.48	0	10	0	0	3.68
需要财力资源 （千美元）	23.40	0	13	0	0	11.04

（2）在推行方案 c_1^1 过程中，动力系统根据其质量贡献度，可获得人力资源 7.02 标准当量人和财力资源 1.316 万美元，以用于改善其子系统质量。将其代入资源总量约束并求解第 2 级规划可得最优解 $X^{1*} = (x_{1,1}^{1*}, x_{1,2}^{1*}, x_{1,3}^{1*}, x_{1,4}^{1*}, x_{1,5}^{1*})^T = (5.2\%, 0, 0, 3.2\%, 1.88\%)^T$，这就意味着在推行方案 c_1^1 过程中，子方案 $c_{1,1}^1$、$c_{1,4}^1$ 和 $c_{1,5}^1$ 应优先执行。如果按照表 5.3 所示结果分配资源，推行方案 c_1^1 能促使动力系统质量提升 14.78%，其子系统质量能够分别提升 5.98%、3%、4.8% 和 3.76%。值得注意的是，最优情形下 $(d_{3,2}^2)^{++} = 0.0364$，这就意味着要完成动力系统质量改善目标，仅靠主制造商分配的财力资源是不够的。动力系统供应商仍需要投入 100 $(d_{3,2}^2)^{++}$，即 3640 美元以保障子方案能够顺利实施并实现预期效果。

表 5.3 动力系统质量控制子方案资源分配表

质量控制子方案	$c_{1,1}^1$	$c_{1,2}^1$	$c_{1,3}^1$	$c_{1,4}^1$	$c_{1,5}^1$
需要人力资源 （标准当量人）	4.68	0	0	1.28	0.94
需要财力资源 （千美元）	10.40	0	0	3.20	3.20

本 章 小 结

由于复杂产品生产体系中存在数目众多的供应商和种类繁多的质量控制方案，主制造商需要在考虑其中复杂相关关系的同时，在一定资源约束下从中挑选出优先推行的质量控制策略。如果将上述策略看作由质量控制团队提出的项目建议，主制造商还需确定项目资源分配计划，以保证获得满意的项目实施效果。

　　本章结合质量展开原理，以独特的视角构建了一类供应链质量控制屋（HSCQ），并将其转化为多目标规划模型。针对复杂产品多层级供应链实际，设计复杂产品供应链质量控制屋网络，将其表征为一类多级多目标规划模型，并设计有效递阶算法对其进行求解。本章研究成果可辅助主制造商优选供应链质量控制方案/项目并为其设计合理的质量控制资源分配方案，实现复杂产品供应链质量的最优改善。

第六章

复杂产品外购系统关键质量特性的
稳健设计、动态评价及容差优化

在激烈的全球市场竞争中，复杂产品制造商既要保证生产出具备一定质量竞争力的产品，又必须考虑尽可能地控制生产成本，在市场开发和产品销售中占据一定的价格优势。容差设计正是这样一种有效的途径和手段，这种方法以经济视角考虑质量特性的波动范围。容差设计通过分析产品质量特性的容差区间与质量成本之间的关系，对质量标准和成本之间进行综合平衡和分析，能够在维持产品质量竞争力的基础上，通过调整质量容差以实现控制生产成本的目的。在复杂产品"主制造商—供应商"的生产模式下，主制造商向供应商提出外购系统的质量要求，并规定供应商必须将其产品关键质量特性的质量表现值控制在相应的容差区间之内。然而在外购产品的生产过程中，主制造商可能会根据前一阶段产品的质量保障效果对之前设计的容差标准进行适当调整和优化，以求实现复杂产品供应链整体质量的最优提升效果。本章提出了质量结构框架理论，用于分析复杂产品外协系统质量特性的稳健设计，确定质量目标值；结合结构方程理论（Structural equation model），将复杂产品外购系统质量特性经过无量纲化处理后的质量损失数列为输入参数，以高阶因子（High-order model）为隐变量表征最终产品和外购系统的质量满意度，测算外购系统关键质量特性的现有表现值对最终产品的质量贡献度权重；以此为基础，构建目标规划模型，研究复杂产品外购系统关键质量特性的容差分配问题，实现复杂产品供应链整体质量的最优改善。

第一节　问题描述

复杂产品研制生产过程一般都需要经过"产品研制阶段—小批量试制—批量生产"三个主要阶段。在不同阶段，主制造商均需要向供应商订购一定数量并符合质量要求的零部件。根据前一阶段零部件关键质量特性的具体表现值，主制造商能够分析得到前一阶段零部件质量保障工作的实际效果，并对之前设计的容差标准进行调整和优化。根据约束理论可知，外购系统的质量特性对最终产品的影响程度不尽相同。某些关键的质量特性是复杂产品整体质量改善的瓶颈，直接制约着最终产品的质量提升效果。具体而言，对于某些非关键且质量保障程度较高（质量表现值主要集中在最优目标值附近）的质量特性，主制造商可以适当放宽其质量容差标准，以降低其生产成本；对于某些关键程度高但质量标准完成不佳（质量表现值集中在上、下容差线附近）的质量特性，主制造商则需要强化其质量要求，通过缩短质量容差区间以督促供应商更好地保障产品的质量水平。

关于质量特性的容差优化问题，国内外学者开展了一系列相关研究。薛（Hsueh）等人提出了一类定量方法用于评估不同质量设计模式的质量容差改进效率，根据该方法的评估结果可以确定产品功能和质量要求的最优设计模式。费内斯（Fynes）构建了一类路径图模型用于综合考虑设计质量容差与产品舒适度、产品使用质量、生产成本、市场供货时间和客户满意度等诸多因素之间的关系，并结合爱尔兰共和国 351 家生产企业的真实数据进行验证。吴（Wu）基于双指数需求函数提出了一类规划算法，可以用于优化非线性多属性动态质量特性的容差要求。埃尔图格鲁尔（Ertugrul）在不确定主观信息影响的情况下设计了一类模糊多目标规划方法，以确定符合"质量功能展开"模型的产品质量容差设计需求。另有一些研究人员在质量特性评价和优化领域开展了诸多研究，在此不再赘述。

根据文献检索结果，关于容差设计的相关研究主要集中在产品研制阶段，即在产品生命周期的初期，工程技术人员根据三次设计等方法对不同质量特性赋予合理的容差范围，并以制造成本最低为目标构建优化模型，对容差区间进行设计和调整。然而，产品试制和批产阶段的容差调整和再分配问题却没有引起相应的重视。尤其是对于某些具有明显生产阶段的复杂产品，产品试制和批产阶段均可能根据前一阶段实际质量保障效果分析并评估复杂产品外购部件的质量保证状况，并对之前提出的容差要求进行调整和修正。需要说明的是，由于容差评价和优化需要较大规模的质量数据，以保证统计研究的科学性和全面性。对于小批量生产或单件定制的复杂产品，可以通过虚拟数域空间拓展方法获得大样本的质量统计数据。需要说明的是，本章中涉及的复杂产品可以不局限为小批量生产，但仍需保证产品结构复杂、生产工艺复杂、管理活动复杂和复杂供应链协同生产等特性。

第二节　复杂产品外协系统关键质量特性的稳健设计模型构建

外协部件作为复杂产品的基础要素组成，正是由于它们之间的层次与交叉关联关系才构成了复杂产品的整体。然而经典的三次设计方法基于产品的简单质量结构假设，对外协部件进行单个独立设计，对零件间的层次与交叉关系进行了不恰当的忽略。本节主要针对三次设计的这一缺陷，提出了一种新的基于质量结构框架的自上而下的产品稳健设计模型。从顾客对产品的质量需求出发，依据产品的功能结构关系建立产品质量结构框架；把产品质量结构框架作为设计路线，自上而下进行产品的质量目标分解，将产品总体质量目标分解到各组成零件；分别依据产品各零件的质量指标进行参数和容差设计，且注重解决质量因素间的层次性与交叉性的影响问题。

一　产品质量结构分析及其稳健设计思路

了解产品的质量结构，便把握了该产品的各质量要素之间及其质量要素与产品的零件、部件之间的相互关系。利用这种关系，可以将产品的质量要求进行分解、分配与优化；更进一步地，可以按所分配的质量要求进行零件的稳健性质量设计。

定义 6.1：产品质量是指一组固有特性满足要求的程度。

本定义是由 ISO9000：2000 中给出的，其中："固有特性"是指产品具有的技术特征，不是产品形成后人为附加的内容；"满足要求的程度"是指将产品的固有特性和要求（明示的、通常隐含的或必须履行的顾客期望或要求）相比较，根据产品"满足要求的程度"对其质量优劣做出的评价。约瑟夫·朱兰（Joseph. M. Juran）却认为，质量就是适用性（Fitness for use）。事实上，无论是从生产者"质量的符合性"角度，还是从顾客"质量的适用性角度"来看，产品尤其是结构与功能较为复杂的产品，其产品质量都可能是多维度和多指标的，且这些质量指标之间存在着一定的系统性结构关系。

定义 6.2：产品质量结构是指产品各质量要素之间存在相对稳定的联系方式与组织秩序，是产品的系统质量规定性的内在表现形式。

产品质量结构取决于产品质量系统中的质量要素，由这些要素联系形成的关系及其表现形式的综合，并由这样的综合导致了产品质量系统的一种整体性规定，具有整体性、层次性和稳定性等系统特性。

现实中，可以通过多种渠道与方法获取产品质量结构信息，这些方法主要有：产品开发的质量功能展开 QFD（Quality Function Deployment）模型、解释结构 ISM（Interpretative Structural Modeling）模型、层次分析 AHP（Analytic Hierarchy Process）模型、结构方程 SEM（Structural Equation Modeling）模型和设计结构矩阵 DSM（Design Structure Matrix）模型等。

产品质量结构的形式主要有三种，下面以定义的形式给出。

定义 6.3：完全独立型的产品质量结构是指结构中的各质量要素不存在交叉影响的一种结构形式。

定义 6.4：完全相关型的产品质量结构是指结构中的各质量要素之间均会产生对称的相互交叉影响。

定义 6.5：混合型的产品质量结构是指其质量要素的结构关系介于完全独立型和完全相关型之间的一种结构形式。

完全独立的产品质量结构是一种较为简单的质量结构关系，各质量要素不存在交叉影响，因而便于质量分配与质量设计，其形式如图 6.1 所示；完全相关型的质量结构形式，如图 6.2 所示；混合型的产品质量结构是现实中较为常见的一种形式，是介于完全独立型和完全相关型之间的一种混合的结构形式。

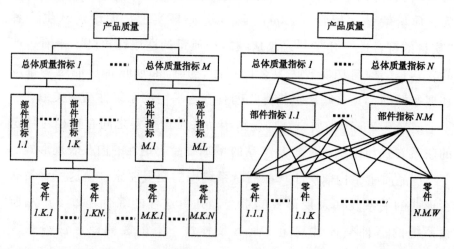

图 6.1　完全独立型的产品质量结构　　图 6.2　完全相关型的产品质量结构

定理 6.1：产品质量结构图的最底层要素均是组成该产品的零件。

　　该定理显然成立，证明过程省略，这里仅给出说明：由于产品的质量最终都是通过零部件及其结构关系来进行技术上的实现，人们在运用 QFD、ISM、AHP 和 SEM 等模型对产品质量结构进行分析，构建产品质量结构图时，也都遵循从宏观到微观的分析规律，因此产品质量结构的底层都是产品的零件。

　　本节针对经典的三次设计仅考虑简单产品和简单结构关系条件下的零件设计问题的不足，提出一种基于质量结构框架的产品稳健设计方法，该方法的主要设计思路有两条：第一条设计路线是依据质量结构框架（如图 6.1、图 6.2）自上而下进行（如图 6.3），将顾客对产品的质量需求分解落实到每一个相关的零件上，从而完成设计任务，具体思路如下：

　　（1）从顾客的需求出发，依据目标顾客群对产品的质量要求寻求产品质量目标。

　　（2）依据产品质量目标与产品的功能结构关系建立产品质量结构框架。

　　（3）把产品质量结构框架作为设计路线，自上而下，依据其质量层次关系建立各层次的稳健设计模型。

　　（4）该设计模型依据质量结构框架自上而下进行，除最底层的零件设计外，其余各层的模型求解属于指标分解过程；而在其最底层对具体零件进行设计时，运用参数和容差设计方法。

　　由于产品各质量指标间存在着层次与交错影响关系，因此，在依据其质量结构框架进行模型设计时，需要利用优化模型着重处理好这一问题。

　　基于质量结构框架的产品稳健设计方法的另一条设计思路是，从质量结构框架最底层开始，考虑顾客对产品成本最低、质量最高、性价比最高等要求的不同，寻求现有零件制造技术条件下的最优零件设计方案，其模型一般采用参数和容差设计方法进行构建；再依据各零件与产品部件系统、各部件系统与产品整体的结构关系，建立质量指标合成模型，寻求各质量指标间的最佳配合；最后，将产品的合成质量设计目标与顾客需求进行对比，对该设计方案的顾客满意程度进行评价，并依据评价结果对设计方案进行修正与优化。由于篇幅所限，本节主要对基于质量结构框架的产品稳健设计方法的第一条设计思路进行介绍，如图 6.3 所示。

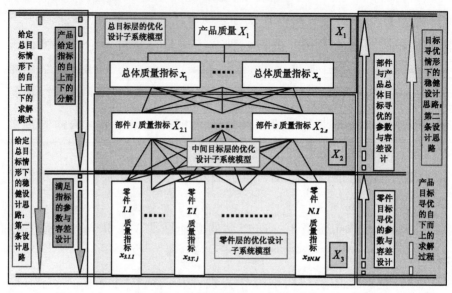

图 6.3　基于质量结构框架的产品稳健设计方法示意图

二　基于质量目标的稳健设计模型设计

现实中，企业在新产品开发阶段，往往首先是针对目标顾客群进行产品质量定位；其次是根据产品的目标质量进行产品设计。给定目标情形下的自上而下设计模型，主要是针对企业的这一新产品开发的实际情况而设计的。

由该问题的建模与分析过程要涉及质量损失及其评价问题，为了便于问题的研究，运用 Taguchi 质量损失理论给出质量损失的定义。

定义 6.6：若某产品具有单一质量特征指标，则定义其产品质量损失函数如式（6.1）所示：

$$L_{(x)} = k \cdot (x - m)^2 \tag{6.1}$$

式中：$L(x)$ 是质量特性值为 x 时的波动损失，k 为损失系数，x 为实际的质量特性值，m 为目标值。

若某产品具有多个质量特征指标，则定义其产品质量损失函数如式（6.2）所示：

$$L(X) = (X - M)^T \cdot A \cdot (X - M) \qquad (6.2)$$

式中：$L(X)$ 是质量特性值为 X 时的波动损失，$X = (x_1, x_2, \cdots, x_p)^T$ 为实际的质量特性向量，M 为目标向量 $M = (m_1, m_2, \cdots, m_p)^T$，$A$ 为 $p \times p$ 阶质量损失系数正定矩阵，p 为产品质量特征指标的个数。

根据基于质量结构框架的产品稳健设计思路，利用定义 6.6，给出给定质量目标情形下的自上而下的多层次规划设计模型。

定理 6.2：若产品设计的目标质量是事先给定的，那么按以下设计步骤可以方便地构造给定质量目标情形下的自上而下的多层次规划设计模型。

（1）运用系统结构分析原理，根据事先给定的产品质量目标建立产品质量结构框架。

（2）建立产品级目标分解子模型 M_1（第一层次优化模型）。将产品质量目标分解到各部件系统，根据事先给定的产品质量目标（通过目标顾客群的分析确定），建立产品级质量指标分解优化模型，将产品质量指标分解到部件系统，若该部件系统还需要进一步划分为相关的子部件系统，则需要将其指标进一步细分，直到将其分解到部件级的最底层。

（3）建立部件级目标分解子模型 M_2（第二层次优化模型）。将部件质量目标分解到零件系统，依据部件质量指标与各相关零件级系统的结构关系，建立产品部件质量指标分解优化模型。

（4）建立零件的稳健设计优化子模型 M_3（第三层次优化模型）。运用稳健设计原理，根据各零件质量指标，建立产品零件级的稳健设计优化模型。

证明：考虑该定理本质是给定质量目标情形下的自上而下的多层次规划模型构建过程，因此采用结构性证明方法予以证明。按定理给定的建模步骤进行模型构建如下：

（1）运用系统结构分析原理，根据事先给定的产品质量目标 $X_1 = (x_1, \cdots, x_n)^T$ 建立产品质量结构框架（如图 6.3 所示）。

（2）建立产品级目标分解子模型 M_1（第一层次优化模型）

根据图 6.3，设各部件的质量指标为 $X_2 = (x_{2.1}, \cdots, x_{2.s})^T$，并依据定义 6.6；建立产品级系统质量损失函数 $L_1 = F_1(x_{2.1}, x_{2.2}, \cdots, x_{2.s})$，并考虑部件成本 $C_1 = c_1(x_{2.1}, x_{2.2}, \cdots, x_{2.s})$（$c_1$ 表示部件成本是质量指标的函数）与资源 $B_1 = (b_1, b_2, \cdots, b_t)^T$ 约束、部件指标间的关联性约束（通过指标间关联关系 $X_2 = G_1(X_2)$ 来体现）、非负性约束 $x_{2.1}, x_{2.2}, \cdots, x_{2.s} \geqslant 0$ 等，并设产品指标具有一定的界限，$\overline{A_1}, \underline{A_1}$ 分别表示指标的上、下界值，建立规划模型：

$$\min L_1 = \min\{F_1(x_{2.1}, x_{2.2}, \cdots, x_{2.s})\}$$

$$s.t. \begin{cases} C_1 - B_1 \leqslant 0 \\ X_2 - \underline{A_1} \geqslant 0 \\ X_2 - \overline{A_1} \leqslant 0 \\ X_2 = G_1(X_2) \\ X_2 \geqslant 0 \end{cases} \tag{6.3}$$

（3）部件级目标分解子模型 M_2（第二层次优化模型）

根据图 6.3，设备零件系统的质量指标为 $X_3 = (x_{3.1.1}, \cdots, x_{3.N.M})^T$，并依据定义 6.6；建立产品级系统质量损失函数 $L_2 = F_2(x_{3.1.1}, \cdots, x_{3.N.M})$，并考虑部件成本 $C_2 = c_2(x_{3.1.1}, \cdots, x_{3.N.M})$（$c_2$ 表示部件成本是质量指标的函数）与资源约束 $B_2 = C_2^* = c_2^*(x_{2.1}^*, x_{2.2}^*, \cdots, x_{2.s}^*)$（最优部件系统分配指标对资源的需求量）、零件指标间的关联性约束（通过指标间关联关系 $X_3 = G_2(X_3)$ 来体现）、非负性约束 $x_{3.1.1}, \cdots, x_{3.N.M} \geqslant 0$ 等，并设产品指标具有一定的界限，$\overline{A_2}$ 和 $\underline{A_2}$

分别表示指标的上、下界值，建立规划模型：

$$\min L_2 = \min\{F_2(x_{3.1.1},\cdots,x_{3.N.M})\}$$

$$s.\,t. \begin{cases} C_2 - B_2 \leqslant 0 \\ B_2 = c_2^*(x_{2.1}^*, x_{2.2}^*, \cdots, x_{2.s}^*) \\ X_3 - \underline{A_2} \geqslant 0 \\ X_3 - \overline{A_2} \leqslant 0 \\ X_3 = G_2(X_3) \\ X_3 \geqslant 0 \end{cases} \tag{6.4}$$

（4）零件的稳健设计优化子模型 M_3（第三层次优化模型）

根据图6.3，采用依据质量结构的参数设计和容差设计方法，用式（6.4）所求解的第 i 个零件中 p 个指标的最优解作为设计目标值 $X_{3.i}^{m.\,*} = (x_{3.i.1}^{m.\,*},\cdots,x_{3.i.p}^{m.\,*})^T$ 建立规划模型，设该零件 i 的待设计质量指标为 $X_{3.i} = (x_{3.i.1},\cdots,x_{3.i.p})^T$），则可建立该零件 i 的质量损失函数 $L_{3.i} = F_{3.i}(x_{3.i.1},\cdots,x_{3.i.p})$，并考虑该零件的成本 $C_{3.i} = c_{3.i}(x_{3.i.1}^{m.\,*},\cdots,x_{3.i.p}^{m.\,*})^T$ 与资源约束 $B_{3.i} = C_{3.i}^* = c_{3.i}^*(x_{3.i.1}^{m.\,*},\cdots,x_{3.i.p}^{m.\,*})$（最优零件分配目标对资源的需求量）、零件指标间的关联性约束（通过指标间关联关系 $X_{3.i} = G_{3.i}(X_{3.i})$ 来体现）、非负性约束 $x_{3.i.1},\cdots,x_{3.i.p} \geqslant 0$ 等，并设产品指标具有一定的界限，即 $\underline{A_{3.i}} \leqslant X_{3.i} \leqslant \overline{A_{3.i}}$（其中：$\overline{A_{3.i}}$ 和 $\underline{A_{3.i}}$ 分别表示零件 i 指标的上、下界值）。

根据零件的稳健优化设计方法进行零件设计的具体过程如下：①方差分析。对零件的每个质量特性参数设计时算得的信噪比进行方差分析，确定在各相应零件中，对各质量特性有显著影响的因素。②建立信噪 SN 比与质量损失的关系，将 Taguchi 实验设计中各实验方案的 SN 比转化为质量损失并标准化。③对每个质量特性以其显著因素（自变量取值为参数的水平数1、2或1、2、3）为自变量，以标准化后的质量损失为因变量进行二次回归分析（这里我们假设各设计参数是独立的，不考虑交互作用）。回归分析结果如下：

$$L_{3.i} = F_{3.i}(x_{3.i.1}^{(Level.S)}, \cdots, x_{3.i.p}^{(Level.S)}) \tag{6.5}$$

式中：p 为设计参数个数，$Level.S$ 为第 i 个零件各质量特性的水平数，一般取 3 级水平 $Level.1$，$Level.2$，$Level.3$。

$$M_3 \begin{cases} \min L_{3,i} = \min \left\{ F_{3,i}\left(x_{3.i.1}^{(Level.S)}, \cdots, x_{3.i.p}^{(Level.S)}\right) \right\} \\ s.t. \begin{cases} 1 \le x_{3.i.1}^{(Level.S)}, \cdots, x_{3.i.p}^{(Level.S)} \le 3 \\ C_{3,i} \le B_{3,i} \\ B_{3,i} = c_{3.i}^*(x_{3.i.1}^{m.*}, \cdots, x_{3.i.p}^{m.*}) \\ \underline{A}_{3,i} \le X_{3,i} \le \overline{A}_{3,i} \\ X_{3,i} = G_{3,i}(X_{3,i}) \\ x_{3.i.1}^{(Level.S)}, \cdots, x_{3.i.p}^{(Level.S)} \ge 0 \\ S = 1,2,3 \\ i = 1,2,\cdots,K \\ M_2 \begin{cases} \min L_2 = \min \left\{ F_2\left(x_{3.1.1}, \cdots, x_{3.N.M}\right) \right\} \\ s.t. \begin{cases} C_2 \le B_2 \\ B_2 = c_2^*(x_{2.1}^*, x_{2.2}^*, \cdots, x_{2.s}^*) \\ \underline{A}_2 \le X_3 \le \overline{A}_2 \\ X_3 = G_2(X_3) \\ X_3 \ge 0 \\ M_1 \begin{cases} \min L_1 = \min \left\{ F_1(x_{2.1}, x_{2.2}, \cdots, x_{2.s}) \right\} \\ s.t. \begin{cases} C_1 \le B_1 \\ \underline{A}_1 \le X_2 \le \overline{A}_1 \\ X_2 = G_1(X_2) \\ X_2 \ge 0 \end{cases} \end{cases} \end{cases} \end{cases} \end{cases} \end{cases}$$

图 6.4   给定质量目标情形下的自上而下的多层次规划设计模型

④建立零件级稳健设计整数规划模型。不失一般性，对第 i 个零件的 p 个参数的 S 个水平，建立该零件的稳健设计整数规划模型：

$$\min L_{3.i} = \min\left\{ F_{3.i}(x_{3.i.1}^{(Level.S)}, \cdots, x_{3.i.p}^{(Level.S)}) \right\}$$

$$s.t. \begin{cases} 1 \leqslant x_{3.i.1}^{(Level.S)}, \cdots, x_{3.i.p}^{(Level.S)} \leqslant 3 \\ C_{3.i} \leqslant B_{3.i} \\ B_{3.i} = c_{3.i}^{*}(x_{3.i.1}^{m.*}, \cdots, x_{3.i.p}^{m.*}) \\ \underline{A_{3.i}} \leqslant X_{3.i} \leqslant \overline{A_{3.i}} \\ X_{3.i} = G_{3.i}(X_{3.i}) \\ x_{3.i.1}^{(Level.S)}, \cdots, x_{3.i.p}^{(Level.S)} \geqslant 0 \\ S = 1,2,3 \\ i = 1,2,\cdots,K \end{cases} \tag{6.6}$$

综上所述，考虑各级优化子模型之间的连接结构关系，子模型 M_1 构成了子模型 M_2 的约束，而子模型 M_2 又构成了子模型 M_3 的约束，构造给定质量目标情形下的自上而下的多层次规划设计模型，如图6.4所示。

三　案例研究

设计一个气动换向装置，如图6.5所示。经过市场调研与顾客分析，该气动换向装置需要满足以下三个设计要求：

第一，需要在带动一定负载条件下，克服一定的阻力完成6个换向动作，且动作可靠。

第二，在1秒钟内完成最长距离的换向动作。

第三，在一定的压缩空气作用下，气耗量尽可能的少。

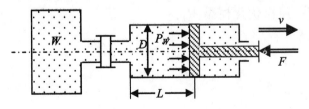

图6.5　气动换向装置示意图

解：按如下步骤进行设计气动换向装置。

第一步：建立气动换向装置质量结构框架图。

根据题意和相关调研资料，可方便地构造出该气动换向装置质量结构框架图，如图 6.6 所示。

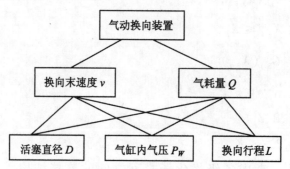

图 6.6   气动换向装置质量结构框图

第二步：气动换向装置质量目标分解及优化模型构建。

经过课题组更深入的调研与详细分析、研究后，将顾客满意度作为质量指标，同时认为在该换向装置所需完成的 6 个转换动作中，最长的转换动作为关键，同时要求在一定的压缩空气作用下，气耗量尽可能少，因此我们将气动换向装置的质量目标分解到换向末速度 v 和气耗量 Q 这两个质量特性上。

气动换向装置的顾客满意度 y 与 v（mm/s）和 Q（L）的关系如下：

$$y = 580 + \frac{1}{2 \times 960}v^2 - v + Q^2 \tag{6.7}$$

给出第一层次优化模型 M_1：

$$\min L(y)$$
$$s.t. \begin{cases} Q \geqslant 0 \\ v \geqslant 0 \end{cases} \tag{6.8}$$

这里，y 为望大特性，$L(y) = K\left(\dfrac{1}{y^2}\right)$，$K$ 为质量损失系数。

第三步：第二层质量目标（换向末速度和气耗量）分解及优化模型建立。

　　由上述分析可知，换向末速度和气耗量均需分解到活塞直径 D、气缸内气压 p_w 和换向行程 S 的质量特性要求上。

　　v 和 Q 值与三个待设计参数换向活塞直径 D、气缸内气压 p_w 和换向行程 S 的力学关系方程如下：

$$\begin{cases} v = \sqrt{\left(\dfrac{\pi}{2}D^2 p_w - 2F\right) \cdot S \cdot g/G} \\ Q = 10^3 \cdot \dfrac{\pi D^2}{4} \cdot S \cdot n \cdot (p_w + 1.103)/1.103 \end{cases} \tag{6.9}$$

　　式中：$F = 750N$ 为换向阻力，$G = 900N$ 为系统重力，$g = 9800mm/s^2$ 为重力加速度，令 $n = 1$。

　　换向活塞直径 D、气缸内气压 p_w 和换向行程 S 为三个可控因素。初始值由设计人员根据专业知识与经验，分别确定三水平如下：

$D_1 = 22, D_2 = 24, D_3 = 26$（单位：$mm$）

$p_{w1} = 2.2, p_{w2} = 2.6, p_{w3} = 3$（单位：$Mpa$）

$L_1 = 52, L_2 = 56, L_3 = 60$（单位：$mm$）

　　对于换向末速度 v 和气耗量 Q，以质量损失 L_1 和 L_2 为因变量的二次回归方程分别为：

$$L_1 = -0.061 + 0.066D + 0.042p_w + 0.168S + 0.0314D^2 + 0.0198p_w^2 - 0.0256S^2$$

$$L_2 = 2.6 - 0.759D - 0.809p_w - 0.662S + 0.147D^2 + 0.157p_w^2 + 0.127S^2 \tag{6.10}$$

　　由专业人员确定的换向末速度和气耗量两个质量特性指标对气动换向装置的权重分别为 $\omega_1 = 0.7, \omega_2 = 0.3$，因此综合质量损失为：

$$L = \sum_{i=1}^{2}\omega_i L_i = 1.807 - 0.5115D - 0.5537p_w - 0.413L + 0.11232D^2 + 0.11584p_w^2 + 0.08122L^2 \tag{6.11}$$

　　综上所述，第二层次优化模型 M_1 为：

$$\min L = \sum_{i=1}^{2}\omega_i L_i$$

$$s. t. \begin{cases} 1 \leqslant D, p_w, L \leqslant 3 \\ D, p_w, L \geqslant 0 \end{cases} \qquad (6.12)$$

式中：$1 \leqslant D, p_w, L \leqslant 3$ 表示 D, p_w, L 最优解应取该三参数的三个水平值的约束。

第四步：多层次规划设计模型构建。

针对气动换向装置的设计过程，构建两层规划设计模型如下：

$$\min L = \sum_{i=1}^{2} \omega_i L_i$$

$$s. t. \begin{cases} 1 \leqslant D, p_w, L \leqslant 3 \\ D, p_w, L \geqslant 0 \\ \min L(y) \\ s. t. \begin{cases} Q \geqslant 0 \\ v \geqslant 0 \end{cases} \end{cases} \qquad (6.13)$$

第五步：递阶求解多层次规划模型。

根据第一层规划公式（6.8）可解得，当 $v = 960$（mm/s），$Q = 0$（L）时，顾客满意度达到极大值 $y = 100$。由此可见，换向末速度的目标值为 $v = 960mm/s$，为望目特性值；气耗量 $Q = 0$ 为望小特性值。

根据第一层规划求解结果，求解第二层整数规划问题，如公式（6.12），得到当设计参数 D, p_w, L 分别应取 2、2、3 水平时，综合总损失最小，即 $D = 24mm, p_w = 2.6Mpa, L = 60mm$。

第三节　复杂产品供应链质量体系的结构方程模型设计

一　输入数列

由于复杂产品外购系统质量特性的度量尺度、单位和标准多种多样，通过直接测量得到的原始质量数据往往不具备可比性。本节首先结合广义质量损失函数对原始质量数据进行无量纲化处理，并以处理后数据作为输入数列导入结构方程模型，探求供应链中外购产品各质量特性对复杂产品整体质量的保证程度。根据质量特性目标值隶属于容差区间的位置关系，质量特性可以分为望目特性（质量目标值位于容差区间中部）、望大特性（质量目标值位于容差区间的最大值）和望小特性（质量目标值位于容差区间的最小值）。上述三类质量特性的质量损失函数可将对应质量特性的原始质量测量数据转化为 [0，1] 区间内的数值。某质量特性的质量保证程度越高，其原始数值越接近质量目标值，转化后的质量损失函数也越接近于最小值 0；某质量特性的质量保证程度越低，其原始数值越远离质量目标值，转化后的质量损失函数也越接近于最大值 1。

（1）望目特性的质量损失函数（N 型，The nominal-the-best quality loss function）

望目质量特性是指质量目标值位于容差区间中部，并不在容差区间上、下端点的一类质量指标，如长度、宽度、角度等。该指标下的质量表现值越接近质量目标值，质量水平越高。相对于最优目标值，无论存在正偏差还是负偏差，望目特性的质量损失便会产生。设某望目质量特性 $Y_i \sim (\mu, USL, LSL)$，其中 μ 为 Y_i 的质量目标值，USL 和 LSL 分别是其最大和最小容差线。根据实际表现值 y_i 相对于最优目标值位置不同，无量纲化的望目特性质量损失函数 $L_N(y_i)$ 可以设计如下：

$$L_N(y_i) = \begin{cases} \left(\dfrac{y_i - \mu}{LSL - \mu}\right)^2, y_i \in [LSL, \mu] \\ \left(\dfrac{y_i - \mu}{USL - \mu}\right)^2, y_i \in [\mu, USL] \end{cases} \tag{6.14}$$

（2）望大特性的质量损失函数（L 型，The large-the-best quality loss function）

望大质量特性是指质量目标值位于容差区间最大值的一类质量指标，如最大推力、稳定性、最大承载等效益型指标。该指标下的质量表现值越大，其质量水平越高，广义质量损失越小。设某望大质

量特性 $Y_j \sim (y_u, y_l)$，其中 y_u 为 Y_j 的最优目标值（最大理想值），y_l 是其最小可接受值，则望大特性的质量损失函数 $L_L(y_j)$ 可以表示为：

$$L_L(y_j) = \left(\frac{y_j - y_u}{y_u - y_l}\right)^2 \tag{6.15}$$

（3）望小特性的质量损失函数（S 型，The small-the-best quality loss function）

望小质量特性是指质量目标值位于容差区间的最小值的一类质量指标，如故障率、失效率等成本或故障型指标。该指标下的质量表现值越小，其质量水平越高，广义质量损失越小。设某望小质量特性 $Y_k \sim (y_{u'}, y_{l'})$，其中 $Y_{u'}$ 为 Y_k 的最大可接受值，$y_{l'}$ 为其最优目标值（最小理想值），则望大特性质量损失函数 $L_S(yk)$ 可以表示为：

$$L_S(y_k) = \left(\frac{y_k - y_{l'}}{y_{u'} - y_{l'}}\right)^2 \tag{6.16}$$

从式（6.1）、式（6.2）和式（6.3）不难看出，上述质量损失函数均对原始质量数据进行无量纲处理，进而消除不同质量单位造成的影响，增强了数据的可比较性和可处理性。上述三类质量特性的广义质量损失越趋近于最小值0，表明该质量特性的质量水平越高；广义质量损失越逼近最大值1，表示该质量特性的质量水平越低。

由于结构方程模型对大样本数据有着严格的要求，一般要有100—200的样本数。因此，对于小样本采购模式，可以结合虚拟数域空间拓展方法，以模拟出大样本的实验效果，搜集到200组左右的质量数据，以满足统计研究的大样本数据需要。假设现有 n 类质量特性，每类均需要搜集200组质量数据，则样本容量为200，指标数为 n，需要搜集的数据点则为 $200n$。此外，结构方程模型要求其输入数列必须满足正态分布。各组质量损失数据则需要进行正态化处理，方可作为后续模型的输入数列。

二　复杂产品生产系统的高阶因子模型

结构方程模型是一类处理复杂数据运算和分析的多元统计方法和建模技术，主要由显变量和隐变量组成。其中显变量能够用外部数据直接描述和表达，隐变量则无法用数据表示其内在特征。因此，结构方程模型通过建立结构化模型，可以有效地描述显变量和隐变量之间、隐变量与隐变量之间的相关关系。近年来，随着结构方程理论及其分析软件（如 LISRLE、AMOS）的不断发展和完善，结构方程模型已成为多元统计分析的主流工具，并广泛应用于计量经济学、管理学、社会学和行为科学等诸多领域。

根据复杂产品组成结构、生产 BOM（bill of material）和零部件流动等信息，本章使用上节测算得到的各质量损失数列用于表征各质量特性的实际质量保证效果，并将其设计为结构方程模型中可测量的显变量。此外，本章将复杂产品及其零部件的质量满意度设计为模型中不可测量的隐变量，并将其表征为高阶因子。根据显、隐变量内在逻辑关系，用箭线将各隐变量与对应的显变量联系起来，并用 δ_i 表示质量特性 i 的测量误差。基于上述分析，根据复杂产品"主制造商—供应商"生产模式，可构建高阶因子模型及其因子路径关系，如图 6.7 所示。

三　模型求解

根据结构方程模型相关求解方法，假设现有 m 组质量数据，根据质量损失函数分别形成质量损失数列 $X = \{x_1, x_2, \cdots, x_m\}$，将其表示为可测量的显变量并输入高阶因子模型。另设存在 n 类零部件的质量满意度数列 $Y = \{y_1, y_2, y_n\}$ 和复杂产品的质量满意度为 Z，所有质量满意度均视为不可测量的隐变量。

假设质量损失数列 X 的样本协方差矩阵为 S，零部件质量满意度 y_i 与质量损失数据 x_j 之间的关联载荷为 r_{ij}，广义质量损失 x_j 的测量

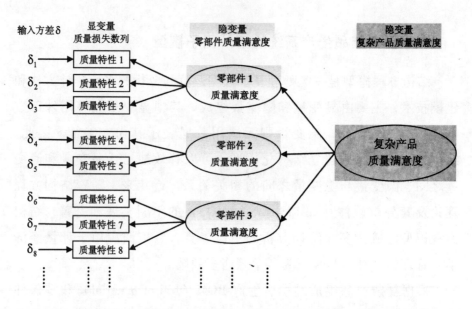

图 6.7　复杂产品"主制造商—供应商"生产系统的高阶因子模型及其路径图

误差为 δ_i，则可得二者之间的关联方程 $x_j = r_{ij} y_i + \delta_j$，矩阵形式可表示为 $X = RY + \delta$。另设零部件质量满意度 y_I 与复杂产品质量满意度 Z 之间的关联载荷为 μ_i，y_i 的数据测量误差为 ε，则可得二者之间的关联方程 $y_i = \mu_i Z + \varepsilon_i$，矩阵形式可表示为 $Y = UZ + \varepsilon$。

针对质量损失数列 x_α 和 x_β（α，$\beta \in 1$，2，$\cdots$，m）而言，其协方差 $\mathrm{cov}(x_\alpha, x_\beta) = \mathrm{cov}(r_{i\alpha} y_i + \delta_\alpha, r_{i\beta} y_j + \delta_\beta = r_{i\alpha} r_{i\beta} \phi_I \phi_j)$。假设质量损失数列的实际协方差矩阵为 Σ，如果二阶因子模型是有效的，Σ 应为 S 的极大似然估计，即 $S = \Sigma$。求解该方程组，可得质量损失数列 X 与零部件质量满意度 Y 之间的质量载荷矩阵 R、零部件质量满意度向量 Y 与复杂产品质量满意度 Z 之间的质量载荷 U 和质量损失数列 X 的测量误差 δ。针对前一批交付的零部件，$R = \{r_{ij}\}$ 可以看作质量特性 j 对零部件 i 的质量保证评价值，$U = \{\mu_i\}$ 可以看作零部件 i 对于复杂产品整体质量的保证评价值。

四　模型检验

确定上述结构方程模型中的重要质量载荷参数之后，仍需要对模型的有效性和适用性进行检验。检验指标主要有 χ^2、RMSEA（Root mean square error of approximation），NNFI（Non-Normed fit index）和 CFI（Comparative fit index）。具体检验方法及过程请参考一些专业的统计学书籍，在此不再赘述。

第四节　基于目标规划模型的复杂产品外购系统质量特性容差优化

一　质量特性的相对贡献度

一般而言，外购系统的质量特性对复杂产品的整体质量的重要性不尽相同，因此不能简单地以上节结构方程模型测算得到的质量载荷作为外购产品质量特性对复杂产品的整体质量贡献程度。假设现有 m 类质量特性且对复杂产品整体质量的重要度权重为 $W = \{w_j\}$，根据变量之间的箭线传递关系，结合结构方程模型输出载荷结果 $R = \{r_{ij}\}$ 和 $U = \{\mu_i\}$，可测得质量特性对复杂产品质量的绝对贡献度如下：

$$\Phi = \{\phi_j\} = \{w_j r_{ij} \mu_i\}$$

对其进行标准化处理，可得外购产品质量特性对复杂产品整体质量的相对贡献度为：

$$A = \{a_j\}_{1 \times m} = \left\{ \phi_j \Big/ \sum_{j=1}^{m} \phi_j \right\}_{1 \times m} \tag{6.17}$$

如果 $a_k = \max\{a_j\}$，便意味着在考虑外购产品质量特性重要性和前批次零部件质量保证综合影响下，质量特性 k 为复杂产品生产系统中前批产品的质量瓶颈，直接制约着复杂产品整体质量的改善和提升。在未来的生产合作中，主制造商应适当缩短质量特性 k 的容差区间，强化其质量要求，督促其供应商更好地保障产品质量，以提升复杂产品整体质量水平。而对于某些重要性不强且前期质量保证效果较好的质量特性，可适当放松其容差要求，以节省零部件的外购成本。

二　各类质量特性的容差调整率

针对不同类型的质量特性,本节设计容差调整率 t,用于描述复杂产品外购系统质量标准和容差要求的变动和调整情况。针对望目质量特性 $Y_i \sim (\mu, USL, LSL)$,假设同比例双向调整后的最大、最小容差线分别为 USL^* 和 LSL_l^*,假设容差区间长度与质量水平之间为线性减函数关系,则望目质量特性 y_i 的容差调整率 t_i 可设计为:

$$t_i = \frac{USL - LSL}{USL^* - LSL^*} - 1 \qquad (6.18)$$

假设某望目质量特性原容差线为 $USL = 5$,$LSL = 20$,同比例调整后容差线为 $USL^* = 6$,$LSL^* = 18$,则该质量特性的容差调整率为 $t_i = \frac{20-5}{18-6} = \frac{1}{0.8} - 1 = 0.25$,即调整后的容差区间是原区间的 80%,该质量特性的容差调整率为 25%,质量标准提高 25%。

同理,针对望大质量特性 $Y_j \sim (y_u, y_l)$,假设调整后的最小可接受值为 y_l^*,则望大质量特性 y_j 的容差调整率 t_j 可表示为:

$$t_j = \frac{y_l^*}{y_l} - 1 \qquad (6.19)$$

针对望小质量特性 $Y_k \sim (y_{u'}, y_{l'})$,假设调整后的最大可接受值为 $y_{u'}^*$,则望小质量特性 y_k 的容差调整率 t_k 可表示为:

$$t_k = \frac{y_{u'}}{y_{u'}^*} - 1 \qquad (6.20)$$

综上所述,各质量特性容差区间长度与其质量标准呈减函数关系。当某个质量特性容差区间缩短时,其容差调整率 $t. > 0$,质量标准有所提高,反之亦然。

三　质量特性的容差优化模型

假设某质量特性 m 的容差调整率为 t_m,其对复杂产品整体质量的改善效果为实际改善率与其相对贡献度的乘积，即 $w = a_m t_m$。换言之，复杂产品的整体质量改善效果是各质量特性实际改善率的加权之和。为了追求复杂产品整体质量改善的最优效果，容差优化模型的目标函数可以设计为：

$$\max W = \sum_{i=1}^{m} a_i t_i \tag{6.21}$$

在容差优化过程中，往往存在以下两类约束：改善率约束和资源约束。改善率约束是指由于工程技术的需要，质量特性改善率往往存在一定限制，可表示为 $\underline{T} \le T \le \overline{T}$；资源约束表示为了调整容差，主制造商投入改善资源的情况。如果单位改善的资源需求矩阵为 C，资源总量矩阵为 R，则资源约束可表示为 $CT \le R$。基于上述分析，复杂产品外购系统质量特性的容差优化模型可以表示为：

$$\max W = \sum_{i=1}^{m} a_i t_i$$
$$s.t. \begin{cases} \underline{T} \le T \le \overline{T} \\ CT \le R \end{cases} \tag{6.22}$$

求解规划模型（6.9），可得各质量特性最优改善率 $T^* = (t_1^*, t_2^*, \cdots, t_m^*)^T$，可在满足各约束条件下最大限度地提升复杂产品的整体质量。根据各质量特性类型，将 T^* 分别反代入公式（6.5）、公式（6.6）和公式（6.7），可得各质量特性调整后的容差区间。

第五节　应用研究

本节将上述模型方法应用于某定制化军用装甲车外购系统关键质量特性的容差评价和优化问题之中，以验证其可行性和有效性。某型号装甲车外购件主要包括发动机、底盘、车身和电子设备等四大系统。其中发动机的质量指标主要为有效转矩（望大特性，单位：牛·米）、有效输出功率（望大特性，单位：千瓦）和燃油消耗率［望小特性，单位：克/（千瓦·小时）］；底盘的质量指标主要为底盘刚性（望大特性，以最高时速衡量，单位：公里/小时）、底盘重量（望小特性，单位：公斤）和最大后轴轴载质量（望大特性，单位：吨）；车身的质量指标主要为车身变形量（望大特性，以能量吸收率衡量，单位:%）、车身重量（望大特性，单位：公斤）和车身强度（望大特性，以 C-NCAP 碰撞试验成绩衡量，单位：分）；电子设备的质量指标主要为敏感性（望小特性，单位：秒）和故障率（望大特性，以发生一次故障时装甲车所行驶里程数衡量，单位：1/公里）。

（1）模型输入：质量损失数列

随机抽取 200 组样本的外购系统并测量其质量特性表现值（若外购件样本较少，可进行重复多次测量以获得大样本）。根据质量特性类型代入对应的质量损失函数（6.14）、（6.15）和（6.16），可得到 11 组质量损失数列 $X = \{x_1, x_2, \cdots, x_{11}\}$，共有 2200 个实验数据。另设系统质量满意度数列为 $Y = \{y_1, y_2, y_3, y_4\}$，复杂产品整体质量满意度为 Z。针对随机生成的仿真质量数据，通过分析质量损失数列 x_i 和 x_j（$i, j \in \{1, 2, \cdots, 11\}$）之间的相关关系，可得质量损失数列 X 的下三角协方差矩阵 S 为：

$$S = \begin{bmatrix} 1 & & & & & & & & & & \\ 0.34 & 1 & & & & & & & & & \\ 0.38 & 0.35 & 1 & & & & & & & & \\ 0.02 & 0.03 & 0.4 & 1 & & & & & & & \\ 0.15 & 0.19 & 0.14 & 0.02 & 1 & & & & & & \\ 0.17 & 0.15 & 0.20 & 0.01 & 0.42 & 1 & & & & & \\ 0.20 & 0.13 & 0.12 & 0.00 & 0.40 & 0.21 & 1 & & & & \\ 0.32 & 0.32 & 0.21 & 0.03 & 0.10 & 0.10 & 0.07 & 1 & & & \\ 0.10 & 0.17 & 0.12 & 0.02 & 0.15 & 0.18 & 0.23 & 0.13 & 1 & & \\ 0.14 & 0.16 & 0.15 & 0.03 & 0.14 & 0.19 & 0.18 & 0.18 & 0.37 & 1 & \\ 0.18 & 0.16 & 0.19 & 0.04 & 0.14 & 0.21 & 0.22 & 0.22 & 0.06 & 0.23 & 1 \end{bmatrix}$$

（2）结构方程模型及质量载荷

将11组质量损失数列 X 设计为可测量的显变量（以矩形框表示），并将各外购系统和复杂产品的质量满意度 Y 和 Z 分别以高阶因子形式设计为不可测量的隐变量（以椭圆表示）。根据质量特性和外购系统的隶属关系，可构建二阶因子模型如图6.8所示。通过将 X 的协方差矩阵 S 输入该模型，可得各质量特性对零部件的质量载荷数据和零部件对复杂产品的质量载荷数据，均列于图6.8中的对应箭线处。

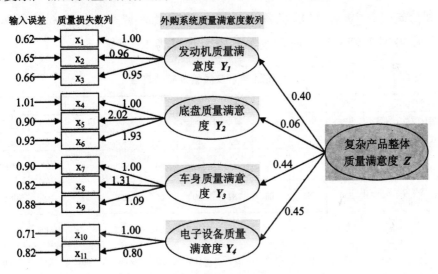

图6.8 某型号装甲车供应链质量路径图

假设零部件质量满意度 y_i 与质量损失数列 x_j 之间的关联载荷为 r_{ij}，零部件质量满意度 y_i 与复杂产品质量满意度 Z 之间的关联载荷为 μ_i，结合 AHP 算法可确定各质量特性的重要度权重 $W = \{w_j\}$。另设本例中各质量特性之间等权重，因此，结合公式（6.17）可得外购系统各质量特性对复杂产品质量的相对贡献度 $A - \{a_j\}_{1 \times m}$，如表6.1所示。

表6.1 各质量特性的相对质量贡献度

质量特性	x_1	x_2	x_3	x_4	x_5	x_6	x_7	x_8	x_9	x_{10}	x_{11}
权重	0.106	0.102	0.101	0.016	0.032	0.031	0.117	0.153	0.127	0.119	0.096

根据表 6.1 不难发现，$a_8 = \max\{a_j\}$，这便意味着在综合考虑各质量特性重要性参数和前批次产品质量保障程度下，质量特性 x_8 是现有生产系统的质量瓶颈，直接制约着复杂产品整体质量的提升。主制造商需要强化对质量特性 x_8 的质量容差要求。

（3）质量特性的容差优化

假设根据工程技术人员意见，可得各质量特性的最大、最小允许容差和单位改善所需资源情况。结合公式（6.18）、公式（6.19）和公式（6.20），可求得各质量特性的质量改善率，如表 6.2 所示。另设可用于单位产品质量改善的资金预算为 15 万美元。

表 6.2　　质量特性信息及质量改善信息表

质量特性	x_1	x_2	x_3	x_4	x_5	x_6	x_7	x_8	x_9	x_{10}	x_{11}
特性类型	望大	望大	望小	望大	望小	望大	望大	望大	望大	望小	望大
度量单位	N·m	Kw	g/Kw	km/h	Kg	Kg	%	Kg	分数	ms	Km⁻¹
当前接受值	680	320	270	190	260	3600	60	940	45	130	3500
最高改善值	700	330	292	200	282	4000	65	982	48	169	4000
最高改善率	2.9%	3.1%	8.0%	5.3%	8.3%	11.1%	8.3%	4.4%	6.7%	30.0%	14.3%
最低改善值	650	307	243	180	241	3000	50	884	40	85	3000
最低改善率	-4.4%	-4.1%	-10.0%	-5.3%	-7.1%	-16.7%	-16.7%	-6.0%	-11.1%	-35.0%	-14.3%
1%改善所需资源（千美元）	30	25	40	46	20	40	30	18	60	15	22

以复杂产品整体质量最大改善为原则设计优化目标如下：

$$\max W = 0.106t_1 + 0.102t_2 + 0.101t_3 + 0.016t_4 + 0.032t_5 + 0.031t_6 + 0.117t_7 + 0.153t_8 + 0.127t_9 + 0.119t_{10} + 0.096t_{11}$$

各质量特性的质量改善率约束可表示为：

$-4.4\% \leq t_1 \leq 2.9\%$；$-4.1\% \leq t_2 \leq 3.1\%$；$-100.0\% \leq t_3 \leq 8.0\%$；$-5.3\% \leq t_4 \leq 5.3\%$；$-7.1\% \leq t_5 \leq 8.3\%$；$-16.6\% \leq t_6 \leq 11.1\%$；$-16.6\% \leq t_7 \leq 8.3\%$；$-6.0\% \leq t_8 \leq 4.4\%$；$-11.1\% \leq$

$t_9 \leqslant 6.7\%$ ；$-35.0\% \leqslant t_{10} \leqslant 30.0\%$ ；$-14.3\% \leqslant t_{11} \leqslant 14.3\%$

单位产品质量改善的资源约束可表示为：

$$30t_1 + 25t_2 + 40t_3 + 46t_4 + 20t_5 + 40t_6 + 30t_7 + 18t_8 + 60t_9 + 15t_{10} + 22t_{11} \leqslant 150$$

参照公式（6.22），以复杂产品整体质量最优改善为目标，考虑质量改善率和质量改善总资源等双重约束，可构建目标规划模型如下：

$$max \ W = 0.106t_1 + 0.102t_2 + 0.101t_3 + 0.016t_4 + 0.032t_5 + 0.031t_6 + 0.117t_7 + 0.153t_8 + 0.127t_9 + 0.119t_{10} + 0.096t_{11}$$

$$s.t. \begin{cases} -4.40\% \leqslant t_1 \leqslant 2.94\%, \ -4.06\% \leqslant t_2 \leqslant 3.13\%, \\ -10.0\% \leqslant t_3 \leqslant 8.00\%, \ -5.26\% \leqslant t_4 \leqslant 5.26\%, \\ -7.14\% \leqslant t_5 \leqslant 8.33\%, \ -16.6\% \leqslant t_6 \leqslant 11.11\%, \\ -16.6\% \leqslant t_7 \leqslant 8.33\%, \ -6.00\% \leqslant t_8 \leqslant 4.44\%, \\ -11.1\% \leqslant t_9 \leqslant 6.67\%, \ -35.0\% \leqslant t_{10} \leqslant 30.0\%, \\ -14.29\% \leqslant t_{11} \leqslant 14.29\% \\ 30t_1 + 25t_2 + 40t_3 + 46t_4 + 20t_5 + 40t_6 + 30t_7 + \\ 18t_8 + 60t_9 + 15t_{10} + 22t_{11} \leqslant 150 \end{cases}$$

结合 Lingo 软件对其进行求解，可得各质量特性的最优质量改善率 $T^* = (t_1^*, t_2^*, \cdots, t_{11}^*)^T = (2.9\%, 3.1\%, 8.0\%, -5.5\%, -7.1\%, -16.7\%, 8.3\%, 4.4\%, -0.5\%, 30.0\%, 14.3\%)^T$。将该最优解按照各质量特性类型反代入公式（6.5）、公式（6.6）和公式（6.7），可得各质量特性调整后的容差区间如表6.3所示。

表6.3　　　　　　质量特性的最优改善率及调整后的容差接受值

质量特性	x_1	x_2	x_3	x_4	x_5	x_6	x_7	x_8	x_9	x_{10}	x_{11}
最优改善率	2.9%	3.1%	8.0%	-5.5%	-7.1%	-16.7%	8.3%	4.4%	-0.5%	30.0%	14.3%
调整后容差可接受值	700	330	250	180	280	3000	108.33	104.44	99.51	130.00	114.29
度量单位	N·m	Kw	g/Kw	km/h	Kg	Kg	%	Kg	分数	ms	Km^{-1}

　　根据表 6.3 所示结果不难发现，主制造商的质量改善资源并不是平均发放，而是根据各质量特性对复杂产品的质量贡献度进行合理分配。此外，并不是所有质量特性的质量要求都有所提高，对于某些质量重要度较小或前期质量保证较好的质量特性，如 x_4，x_5，x_6，x_9，由于其质量贡献度较小，可以适当放松下一批次的质量容差要求，以节省外购成本，集中用于核心部件质量改善。根据上述最优方案调整质量容差，复杂产品的整体质量可得到最大程度的改善，即相对于上一阶段提升 7.14%。

本 章 小 结

　　针对复杂产品外购系统质量特性容差的评价和优化问题，本章设计了一类高阶因子模型描述复杂产品供应链，以各质量特性的质量损失数据为输入数列，分析各质量特性对复杂产品整体质量的质量贡献度。基于上述结果，构建目标规划模型，以复杂产品整体质量最优改善为目标，对各质量特性的容差要求进行调整和优化。结合某型号装甲车供应链开展应用分析，验证上述方法和模型的有效性。本章研究为复杂产品供应链质量容差的评价和优化问题提供了一种新的研究方法和分析思路。

第七章

结论与展望

第一节　主要结论

在复杂产品"主制造商—供应商"的生产系统中，主制造商需要将供应商提供的系统和零部件进行总装，并将最终产品交付给客户。因此，供应商提供产品的质量水平极大地制约着复杂产品的整体质量水平，复杂产品间的质量竞争正是其供应链整体质量的竞争。因此主制造商需要严格监控其供应链的整体质量水平，以期望在激烈的市场竞争中处于一定的质量优势地位，维持自身产品的质量竞争力。

由于在组成结构、生产组织、制造技术和管理活动等方面具有极高的复杂度，复杂产品主要通过组建大规模企业战略同盟开展供应链质量合作，在其研制、批产过程中实现协同生产。此外，复杂产品通常属于单件或小批量定制化生产，无法通过概率性指标描述其生产和质检过程的重要质量参数。这与传统的大规模生产模式有着本质不同，也是对传统的质量管理方法和质量控制策略的一个重大的挑战。基于上述考虑，本书根据复杂产品生产体系实际，在详细把握复杂产品供应链质量管理国内外研究现状及不足的基础上，依照"供应链质量合约设计—合同谈判过程质量冲突分析及解决方案设计—关键质量源探测—供应链质量控制措施优选决策—关键质量特性评价与优化"为研究主线，以独特的研究视角对复杂产品供应链质量管理活动中的若干关键问题开展一系列相关研究。本书相关研究成果可辅助复杂产品主制造商有针对性地开展供应链质量管理工作，组织并构建高水平质量链，激励供应商质量保障行为，控制供应链中的质量损失，进而有效地规避质量合作风险，实现最大限度地提升复杂产品供应链整体质量水平的目的。

第二节　主要工作

本书不仅在理论上对复杂产品供应链质量管理问题提供了一种崭新的分析思路和研究模式，而且很好地为实际企业管理供应商质量保障工作提供了宝贵的理论参考和技术支持。本书的主要研究成果可归结为以下五个方面：

（1）不对称信息下复杂产品供应链质量激励合同设计问题研究。作为一种事前质量控制策略，该部分研究能够诱使供应商自觉、主动地提供高质量产品，为主制造商和复杂产品供应链实现最优的质量合作收益。结合 Edgeworth box 理论分析主制造商和供应商质量合作过程的"质量—收益"均衡解，为之后定量研究提供基本的定性分析支持；结合复杂产品实际生产情况，构建"主制造商—供应商"的委托—代理分析框架，反映二者之间的质量合作关系；研究对称信息下的"委托—代理"博弈均衡，并将其视为第一类最优解，辅助主制造商在对称信息下设计"强制性"质量合同约束供应商的质量保障行为；分析不对称信息下"委托—代理"博弈均衡，结合动态博弈理论和拉格朗日乘数法探求合同中的关键质量奖惩参数与第二类最优解之间的函数关系，诱使供应商在追求自身收益最大化的过程中主动、自觉地实现主制造商最满意的产品质量，消除不对称质量信息的负面影响。

（2）复杂产品合同谈判过程质量冲突分析及解决方案设计研究。

本部分以 Petri 网模型作为图论分析工具，描述复杂产品合同谈判过程中质量冲突及参与人的可能选择；根据理性人假设设计 Petri 网生成算法，探求冲突发展的均衡状态和各参与人可选的行动选择，分析冲突未来发展趋势；以质量合作收益分配作为主要经济手段设计质量冲突解决方案，将供应链中不确定质量合作收益信息设计为区间灰数，构建灰色 Shapley 模型并验证其符合经典情形的三大基本公理；针对海量信息搜集和高纬度计算问题，结合 Raffia 解法求解灰色 Shapley 模型的白化值，为主制造商制定有效的冲突解决方案提供重要参考。

（3）复杂产品供应链关键质量源的诊断与探测问题研究。本部分为主制造商提出一类新的图论模型用于描述质量损失在供应链中不同企业间的流动机理，探寻复杂产品供应链中的质量瓶颈，为确定质量改进对象提供有针对性的理论依据。具体而言，设计供应商多元质量损失函数，测算供应商的广义质量损失，以标准化和无量纲化的数据作为模型的输入数据；针对复杂产品供应链，结合图示评审技术，构建 Supplier-GERT 网络模型，分析供应链中质量损失在各企业间的传递过程；基于上述模型和输入数据，设计复杂产品质量瓶颈探测算法，计算外购系统和各供应商对复杂产品的质量影响程度，确定复杂产品供应链的质量瓶颈系统和质量瓶颈供应商，作为接下来开展质量控制工作的重点对象。

（4）复杂产品供应链质量控制方案递阶决策模型研究。设计了一类新型的供应链质量控制屋模型（HSCQ），为复杂产品供应链质量控制工作提供了定性分析工具和定量研究平台；基于复杂产品供应链多层级结构设计复杂产品 HSCQ 网络，以质量控制资源传递为纽带构建多级多目标递阶决策模型，辅助各级供应商优选质量控制子方案/子策略，实现质量控制方案的继承和衔接；基于目标规划理论设计递阶求解算法，秉着由高层级到低层级的求解原则，探求各层级规划最优解，在资源约束下对供应链中产品质量实现最优控制，为质量控制资源分配计划提供科学依据和理论支持。本章不仅在理论层面上对复杂产品供应链质量控制工作提供了一套崭新的分析思路和研究模式，还能在实践层面指导主制造商更好地组织、开展和管理质量控制项目。

（5）复杂产品外购系统关键质量特性的动态评价及容差优化问题研究。结合结构方程模型，本章设计了一类高阶因子模型描述复杂产品供应链，以各质量特性的质量损失数据为输入数列，分析各质量特性对复杂产品及其零部件整体质量的质量贡献度；基于上述结果，构建目标规划模型，以复杂产品整体质量最优改善为目标，对各质量特性的容差要求进行调整和优化。

第三节　研究展望以及未来可能的研究方向

由于复杂产品供应链质量管理是一类多学科、多领域、多理论交融的新兴问题，本书在进行探索性研究的同时，也在一定程度上指出未来可能涉及的领域和方向，尤其是在不完全信息处理、多参与人动态博弈、供应商不确定偏好处理、海量数据整理和约简、复杂巨系统构建及高效算法设计等领域，一些代表性问题列举如下：

（1）复杂产品供应链质量合同设计问题仅考虑了主制造商和单个供应商的谈判过程，并没有考虑到企业地位和自身信誉对谈判过程的影响。因此，如何在全面考虑双方谈判话语权下分析多方谈判博弈问题，是本书需要进一步考虑的方向。此外，主制造商如何为多个供应商合理地分配质量激励资源也是值得后续深入研究的问题。

（2）复杂产品合同谈判过程的质量冲突分析主要基于参与人确定的状态偏好信息，然而现实中参与人可能无法确定对冲突发展状态的偏好排序。因此，供应商不确定或不完全主观偏好信息的有效评估和集结方法，可能是制约本领域未来发展的一个因素。

（3）在复杂产品供应链质量瓶颈探测问题中，需要掌握较为完善的产品质量数据，以便能够较准确地估计供应商质量损失数据的基本分布类型。因此，在质量统计数据不完全或部分数据缺失情形下，如何对网络中的重要质量参数进行合理估计，是今后建模分析时需要解决的一个关键问题。

（4）构建复杂产品供应链 HSCQ 网络模型需要从各质量管理小组提出的质量改善建议书中挖掘相关较完整的质量数据和相关方案信息。因此，如何在海量甚至不完全信息下，最大限度地挖掘有价值的建模数据，是一个亟须解决的关键问题，同时这也是本书继续深入研究的一个重要方向。此外，多级多目标规划的求解算法尚存在计算效率改进和提升的空间。

复杂产品供应链质量管理问题是一片广阔的新大陆，里面尚存许多的处女地有待开垦。未来的发展需要越来越多的研究人员和企业内部的质量管理人员不懈努力和钻研。相信复杂产品供应链质量管理问题有着光明的研究前景和未来。

参 考 文 献

［1］陈平、杨文玉：《复杂产品结构的模块化聚类及设计迭代量计算》，《中国机械工程》2007 年第 11 期。

［2］刘玉生、蒋玉芹、高曙明：《模型驱动的复杂产品系统设计建模综述》，《中国机械工程》2010 年第 6 期。

［3］钟诗胜、王体春、王威：《基于基元与改进质量屋的复杂产品方案设计需求分析》，《机械科学与技术》2009 年第 6 期。

［4］郜震霄、肖田元、范文慧：《面向复杂产品设计的分布式仿真优化技术研究》，《计算机集成制造系统》2010 年第 3 期。

［5］张米尔、田丹：《复杂产品系统创新的利基策略研究》，《研究与发展管理》2007 年第 3 期。

［6］杨玲、彭灿：《复杂产品系统创新风险的预警管理》，《科技进步与对策》2007 年第 7 期。

［7］刘延松、张宏涛：《复杂产品系统创新能力的构成与管理策略》，《科学学与科学技术管理》2009 年第 10 期。

［8］范钦满、吴永海、徐诚：《复杂产品设计与多学科设计优化综述》，《机械设计》2009 年第 8 期。

［9］王娟茹、杨瑾：《基于模糊 TOPSIS 的复杂产品研发团队知识集成能力评价》，《科学学与科学技术管理》2009 年第 10 期。

［10］杨瑾：《供应链管理对于大型复杂产品制造业集群演进的影响

机理研究》，《中国管理科学》2009 年第 4 期。

[11] 杨瑾：《大型复杂产品制造业集群中供应链管理绩效评价实证研究》，《软科学》2009 年第 11 期。

[12] 郭弘其：《浅谈复杂产品的质量评价》，《计算与测试技术》2000 年第 1 期。

[13] 段桂江：《基于归零模式的复杂产品研制质量问题处理》，《计算机集成制造系统》2008 年第 1 期。

[14] 蔡承志、王美清、段桂江：《复杂产品研制质量计划执行控制方法》，《航空精密制造技术》2008 年第 44 期。

[15] 毛景立、席酉民：《基于航空复杂产品系统的合约化质量概念的演变》，《航空科学技术》2007 年第 6 期。

[16] 毛景立：《面向复杂产品系统的合约化质量概念确立的必要性与可行性研究》，《科技进步与对策》2008 年第 7 期。

[17] 毛景立、王建国：《基于复杂产品系统的合约化质量概念研究》，《科技进步与对策》2009 年第 10 期。

[18] 麻书城、唐晓青：《供应链质量管理特点及策略》，《计算机集成制造系统》2001 年第 9 期。

[19] 伍建军、王金发：《先进制造模式环境下的供应链质量管理》，《世界标准化与质量管理》2005 年第 11 期。

[20] 周明、张昇、李勇、但斌：《供应链质量管理中的最优合同设计》，《管理工程学报》2006 年第 3 期。

[21] 张斌、华中生：《供应链质量管理中抽样检验决策的非合作博弈分析》，《中国管理科学》2006 年第 3 期。

[22] 张翠华、鲁丽丽：《基于供应商检验和质量努力隐匿的协同质量控制》，《系统管理学报》2009 年第 4 期。

[23] 陈雯、张强：《模糊合作对策的 Shapley 值》，《管理科学学报》2006 年第 5 期。

[24] 黄礼健、吴祈宗、张强：《具有模糊联盟值的 n 人合作博弈的

模糊 Shapley 值》,《北京理工大学学报》2007 年第 8 期。

［25］马义中、程少华、李言俊:《改进的多变量质量损失函数及其
实证分析》,《系统工程》2002 年第 4 期。

［26］侯杰泰、温忠麟、成子娟:《结构方程模型及其应用》,科学出
版社,2008 年版。

［27］雷如桥、陈继祥、刘芹:《基于模块化的组织模式及其效率比
较研究》,《中国工业经济》2004 年第 10 期。

［28］黄辉、梁工谦、隋海燕:《大规模定制产品族设计中的原理聚
类研究》,《管理工程学报》2008 年第 3 期。

［29］董景峰、王刚、吕民、高国安:《基于改进蚁群算法的多供应
商选择问题求解》,《计算机集成制造系统》2007 期第 8 期。

［30］周蓉、卢治学:《非对称生产规模供应商的两阶段投标策略》,
《系统工程理论与实践》2007 年第 12 期。

［31］张建军、霍佳震、张艳霞:《基于价格博弈的闭环供应链协调
策略设计》,《管理工程学报》2009 年第 2 期。

［32］方志耕、杨保华:《基于 Bayes 推理的灾害演化 GERT 网络模型
研究》,《中国管理科学》2009 年第 2 期。

［33］何正文、朱少英、徐渝:《一种费用与时间相关的 GERT 模型
的解析求解研究》,《管理工程学报》2009 年第 1 期。

［34］吴秀丽、孙树栋、司书宾、胡铂:《神经网络用于复杂产品成
本估算方法的研究》,《计算机工程与应用》2003 年第 3—
4 期。

［35］汪小龙:《大型复杂产品成本核算系统研究》,《现代制造工
程》2009 年第 4 期。

［36］魏世振、韩玉启、陈传明:《基于信噪比的多元质量损失函数
研究》,《管理工程学报》2004 年第 2 期。

［37］李卫娜、潘燕华:《复杂产品制造业成本控制模型初探》,《江
苏科技大学学报》(自然科学版)2006 年第 5 期。

［38］韩庆兰：《基于模块化设计的成本控制研究》，《控制与决策》
2007 年第 12 期。

［39］姜原子、田也壮、杨洋：《基于主动成本控制的组织循环模型
构建》，《管理学报》2005 年第 4 期。

［40］徐路宁、张和明：《产品设计阶段成本控制的相关对策》，《工
业技术经济》2005 年第 3 期。

［41］李丽君、胡建忠、黄小原：《非对称信息条件下的成本控制策
略》，《东北大学学报》（自然科学版）2004 年第 8 期。

［42］陈以增、唐加福、任立义、侯荣涛：《基于质量屋的优化模
型》，《中国机械工程》2003 年第 11 期。

［43］杨明顺、林志航：《具有离散和连续型技术特征的质量屋优化
模型》，《机械工程学报》2004 年第 3 期。

［44］胡仕成、王彦滨、李向阳、王烨：《产品开发设计过程中的成
本优化控制模型》，《中国机械工程》2004 年第 1 期。

［45］Mike Hobday and Howard Rush, "Technology Management in Com-
plex Product Systems (Cops): Ten Questions Answered", *Interna-
tional Journal of Technology Management*, Vol. 17, No. 6, Febru-
ary 2004.

［46］Virginia Acha, Andrew Davies, Michael Hobday and Ammon Salt-
er, "Exploring the Capital Goods Economy: Complex Product Sys-
tems in the UK", *Industrial and Cooperate Change*, Vol. 13, No.
3, June 2004.

［47］Jiaqing Yua, Jianzhong Cha, Yiping Lua, Wensheng Xua, and
Michael Sobolewski, "A CAE-Integrated Distributed Collaborative
Design System for Finite Element Analysis of Complex Product based
on SOOA", *Advanced in Engineering Software*, Vol. 41, No. 4,
April 2010.

［48］Gillian Hardstone, "Capabilities, Structures and Strategies Re-Examined: Incumbent Firms and the Emergence of Complex Product Systems (Cops) in Mature Industries", *Technology Analysis & Strategic Management*, Vol. 16, No. 2, January 2004.

[49] Jianjun Shi and Shiyu Zhou, "Quality Control and Improvement for Multistage Systems: A Survey", *IIE Transactions*, Vol. 41, No. 9, June 2009.

[50] Hing Kai Chan, "Supply Chain Systems-Recent Trend in Research and Applications", *IEEE Systems Journal*, Vol. 5, No. 1, March 2011.

[51] Mark Wolfgang Maier, "Architecting Principles for Systems-of-systems", *Systems Engineering*, Vol. 1, No. 1, February 1998.

[52] Andrew Sage1 and Christopher Cuppan, "On the Systems Engineering and Management of Systems of Systems and Federations of Systems", *Information Knowledge Systems Management*, Vol. 2, No. 12, January 2001.

[53] Alex Gorod, Brian Sauser and John Boardman, "System-of-Systems Engineering Management: A Review of Modern History and a Path Forward", *IEEE Systems Journal*, Vol. 2, No. 4, December 2008.

[54] Dan De Laurentis, Charles Dickerson and Michael DiMario, "A Case for an International Consortium on System-of-Systems Engineering", *IEEE Systems Journal*, Vol. 1, No. 1, December 2007.

[55] Andrew Sage and Steven Biemer, "Processes for System Family Architecting, Design, and Integration", *IEEE Systems Journal*, Vol. 1, No. 1, December 2007.

[56] Keith Hipel, Mo Jamshidi, James Tien and Chelsea White III, "The Future of Systems, Man, and Cybernetics: Application Domains and Research Methods", *IEEE Transactions on Systems*,

Man and Cybernetics, *Part C*, *Application and Reviews*, Vol. 37, No. 5, September 2007.

[57] Keith Hipel, Amer Obeidi, Liping Fang and Marc Kilgour, "Adaptive Systems Thinking in Integrated Water Resources Management with Insights into Conflicts over Water Exports", *INFOR*, Vol. 46, No. 1, July 2008.

[58] Mo Jamshidi, *Systems of Systems Engineering – Innovation for the 21st Century*, New York: Wiley, 2009, pp. 443—481.

[59] Esmond Urwin, David Gunton and Simon Reay Atkinson, "Through-Life NEC Scenario Development", *IEEE Systems Journal*, Vol. 5, No. 3, September 2011.

[60] Mike Hobday and Tim Brady, "Rational Vs Soft Management in Complex Software: Lessons from Flight Simulation", *Innovation Management*, Vol. 2, No. 1, March 1998.

[61] Karen Lee Hansen and Howard Rush, "Hotspots in Complex Product Systems: Emerging Issues in Innovation Management", *Technovation*, Vol. 18, No. 9, August 1998.

[62] Andrea Prencipe, "Breadth and Depth of Technological Capabilities in Cops: The Case of the Aircraft Engine Control System", *Research policy*, Vol. 29, No. 7—8, August 2000.

[63] Ginger Seliger, Hart Karl and Has Weber, "Cooperative Design, Manufacturing and Assembly of Complex Products", *CIRP Annals Manufacturing Technology*, Vol. 46, No. 1, July 1997.

[64] Magnus Persson and Pär Åhlström, "Managerial Issues in Module Arising Complex Products", *Technovation*, Vol. 26, No. 11, November 2006.

[65] Andrew Davies and Michael Hobday, *The Business of Projects: Managing Innovation in Complex Products and Systems* London:

Cambridge University Press, 2005, pp. 709—710.

[66] Daniel Becnel Jr, "An Overview of Complex Product Liability Litigation in the USA", *International Journal of Fatigue*, Vol. 20, No. 2, March 1998.

[67] Guoqi Feng, Dongliang Cui, Chengen Wang and Jiapeng Yu, "Integrated Data Management in Complex Product Collaborative Design", *Computers in Industry*, Vol. 60, No. 1, January 2009.

[68] Huaglory Tianfield, "Advanced Life-Cycle Model for Complex Product Development Via Stage-Aligned Information-Substitutive Concurrency and Detour", *International Journal of Computer Integrated Manufacturing*, Vol. 14, No. 3, November 2001.

[69] Zhiqiang Xie, Shuzhen Hao, Guangjie Yea and Guangyu Tan, "A New Algorithm for Complex Product Flexible Scheduling with Constraint between Jobs ", *Computer & Industrial Engineering*, Vol. 57, No. 3, October 2009.

[70] Alba Zaretzky, "Quality Management Systems from the Perspective of Organization of Complex Systems", *Mathematics and Computer Modeling*, Vol. 48, No. 7—8, October 2008.

[71] Sendil Ethiraj, "Allocation of Inventive Effort in Complex Product Systems ", *Strategy Management Journal*, Vol. 28, No. 6, March 2007.

[72] Hw Wang and Hm Zhang, "An Integrated and Collaborative Approach for Complex Product Development in Distributed Heterogeneous Environment", *International Journal of Production Research*, Vol. 46, No. 9, March 2008.

[73] Gillian Hardstone, "Capabilities, Structures and Strategies Re-Examined: Incumbent Firms and the Emergence of Complex Product Systems (Cops) In Mature Industries", *Technology Analysis & Stra-*

tegic Management, Vol. 16, No. 2, January 2004.

[74] Gabriel Alves de Albuquerque, Jr., Paulo Romero Martins Maciel, Ricardo Massa Ferreira Lima, and Armin Zimmermann, "Automatic Modeling for Performance Evaluation of Inventory and Outbound Distribution", *IEEE Transactions on Systems Man and Cybernetics*, *Part A: Systems and Human*, Vol. 40, No. 5, September 2010.

[75] Tiaojun Xiao and Tsan-Ming Choi, "Competitive Capacity and Price Decisions for Two Build-To-Order Manufacturers Facing Time-Dependent Demands", *IEEE Transactions on Systems Man and Cybernetics*, *Part A: Systems and Human*, Vol. 40, No. 3, May 2010.

[76] Stephen Shervais, Thaddeus Shannon and George Lendaris, "Intelligent Supply Chain Management Using Adaptive Critic Learning", *IEEE Transactions on Systems Man and Cybernetics*, *Part A: Systems and Human*, Vol. 33, No. 2, March 2003.

[77] Amirhossein Khataie, Fantahun Defersha and Akif Asil Bulgak, "A Multi-Objective Optimisation Approach for Order Management: Incorporating Activity-Based Costing in Supply Chains", *International Journal of Production Research*, Vol. 48, No. 17, August 2010.

[78] Amir Azaron, Ken Brown and Armagan Tarim, "A Multi-Objective Stochastic Programming Approach for Supply Chain Design Considering Risk", *International Journal of Production Economics*, Vol. 116, No. 1, November 2008.

[79] Rodrigo Franca, Erick Jones, Casey Richards and Jonathan Carlson, "Multi-Objective Stochastic Supply Chain Modeling to Evaluate Tradeoffs between Profit and Quality", *International Journal of Production Economics*, Vol. 127, No. 2, October 2010.

[80] Thomas Foster, "Towards an Understanding of Supply Chain Quality Management", *Journal of Operations Management*, Vol. 26, No.

4，July 2008.

[81] Charles Tapiero，"Consumers Risk and Quality Control in a Collaborative Supply Chain"，*European Journal of Operational Research*，Vol. 182，No. 2，October 2007.

[82] Chung-Chi Hsieh and Yu-Te Liu，"Quality Investment and Inspection Policy in a Supplier-Manufacturer Supply Chain"，*European Journal of Operational Research*，Vol. 202，No. 3，May 2010.

[83] Kaijie Zhu，Rachel Zhang and Fugee Tsung，"Pushing Quality Improvement along Supply Chains"，*Management Science*，Vol. 53，No. 3，March 2007.

[84] Carol Robinson and Manoj Malhotra，"Defining the Concept of Supply Chain Quality Management and its Relevance to Academic and Industrial Practice"，*International Journal of Production Economics*，Vol. 96，No. 3，June 2005.

[85] Hale Kaynak and Janet Hartley，"A Replication and Extension of Quality Management into the Supply Chain"，*Journal of Operations Management*，Vol. 26，No. 4，July 2008.

[86] Sang Hoo Bae，Chung Sik Yoo and Joseph Sarkis，"Outsourcing with Quality Competition: Insights from a Three-Stage Game-Theoretic Model"，*International Journal of Production Research*，Vol. 48，No. 2，December 2010.

[87] Fouad El Ouardighi and Bowon Kim，"Supply Quality Management with Wholesale Price and Revenue-Sharing Contracts under Horizontal Competition"，*European Journal of Operational Research*，Vol. 206，No. 2，October 2010.

[88] Andrew Starbird，"Penalties, Rewards, and Inspection: Provisions for Quality in Supply Chain Contracts"，*Journal of the Operational Research Society*，Vol. 52，No. 1，January 2001.

[89] Stanley Baiman, Paul Fischer, and Madhav Rajan, "Performance Measurement and Design in Supply Chains", *Management Science*, Vol. 47, No. 1, January 2001.

[90] Wei Shi Lim, "Producer-Supplier Contracts with Incomplete Information", *Management Science*, Vol. 47, No. 5, May 2001.

[91] Kashi Balachandran and Suresh Radhakrishnan, "Quality Implications of Warranties in a Supply Chain", *Management Science*, Vol. 51, No. 8, August 2005.

[92] Diane Reyniers and Charles Tapiero, "The Delivery and Control of Quality in Supplier Producer Contracts", *Management Science*, Vol. 41, No. 10, October 1995.

[93] Lloyd Shapley, "A Value For N-Persons Games", *Annals of mathematics studies*, Vol. 28, No. 3, March 1953.

[94] Masatoshi Sakawa and Ichiro Nishizaki, "A Solution Concept based on Fuzzy Decision in N-Person Cooperative Game", *Cybernetics and systems research*, Vol. 127, No. 2, April 1992.

[95] Michael Mares, *Fuzzy cooperative games: cooperation with vague expectations*, New York: Physica-Verlag, 2001, pp. 1—48.

[96] Surajit Borkotokey, "Cooperative Games with Fuzzy Coalitions and Fuzzy Characteristic Functions", *Fuzzy Set and Systems*, Vol. 159, No. 2, January 2008.

[97] Alan Prilsker, "GERT-Graphical Evaluation and Review Technique", *Journal of Industry Engineering*, Vol. 17, No. 5, May 1966.

[98] Bernard W. Taylor III and Laurence J. Moore, "R&D Project-Planning with Q-GERT Network Modeling and Simulation", *Management Science*, Vol. 26, No. 1, January 1980.

[99] Manju Agarwal, Kanwar Sen Pooja Mohan, "GERT Analysis of M-

Consecutive-K-Out-of-N Systems", *IEEE Transactions on Reliability*, Vol. 56, No. 1, March 2007.

[100] Philip Huang, Edward Clayton and Laurence Moore, "Analysis of Material and Capacity Requirements with Q-GERT", *International Journal of Production Research*, Vol. 20, No. 6, January 1982.

[101] Ende Vassilakis and Gill Besseris, "An Application of TQM Tools at a Maintenance Division of a Large Aerospace Company", *Journal of Quality in Maintenance Engineering*, Vol. 15, No. 1, May 1995.

[102] YoungSandanayake and Ceil Oduoza, "Dynamic Simulation for Performance Optimization in Just-In-Time-Enabled Manufacturing Processes", *Journal of Advanced Manufacturing Technology*, Vol. 42, No. 3—4, July 2009.

[103] Caleb Li Ming-Hsien and Abbas Al-Refaie, "Improving Wooden Parts´Quality By Adopting DMAIC Procedure", *Quality and Reliability Engineering International*, Vol. 24, No. 3, February 2008.

[104] Lianjie Shu and Fugee Tsung, "On Multistage Statistical Process Control", *Journal of the Chinese Institute of Industrial Engineers*, Vol. 20, No. 1, February 2010.

[105] John J. Cristiano, Jeffrey K. Liker and Chelsea C. White III, "Customer-Driven Product Development through Quality Function Deployment in the US and Japan", *Journal of Product Innovation Management*, Vol. 17, No. 4, September 2003.

[106] Elif Kılıç Delicea and Zülal Güngör, "A New Mixed Integer Linear Programming Model for Product Development Using Quality Function Deployment", *Computer & Industry Engineering*, Vol. 57, No. 3, October 2009.

[107] Nihal Erginel, "Construction of a Fuzzy QFD Failure Matrix Using a Fuzzy Multiple-Objective Decision Model", *Journal of Engineer-*

ing Design, Vol. 21, No. 6, May 2010.

[108] Arijit Bhattacharya, John Geraghty and Paul Young, "Supplier Selection Paradigm: An Integrated Hierarchical QFD Methodology under Multiple-Criteria Environment", *Applied Soft Computing*, Vol. 10, No. 4, September 2010.

[109] Wayne Winston, *Operations Research Application and Algorithms*, Beijing, Tsinghua University press, 2006, pp. 144—207.

[110] Leonid Khachiyan, "Polynomial Algorithm in the Liner-Programming", *USSR Computational Mathematics and Mathematical Physics*, Vol. 244, No. 5, September 1979.

[111] Nien-LinHsueh, Peng-Hua Chu and William Chu, "A Quantitative Approach for Evaluating the Quality of Design Patterns", *Journal of Systems and Software*, Vol. 81, No. 8, August 2008.

[112] Brian Fynes, Seán De Búrca, "The Effects of Design Quality on Quality Performance", *International Journal of Production Economics*, Vol. 96, No. 4, April 2005.

[113] Ful-Chiang Wu, "Robust Design of Nonlinear Multiple Dynamic Quality Characteristics", *Computers & Industrial Engineering*, Vol. 56, No. 2, May 2008.

[114] Ertugrul Karsak, "Fuzzy Multiple Objective Programming Framework to Prioritize Design Requirements in Quality Function Deployment", *Computers & Industrial Engineering*, Vol. 47, No. 11, November 2004.

[115] Yu Jia, Pan Yu and Pan Fang, "Evolutionary Game Analysis on Solvable Mass Unexpected Incident", *Journal of Grey System*, Vol. 20, No. 4, November 2008.

[116] Julong Deng, "Essentials of Grey Resources Theory", *Journal of Grey System*, Vol. 19, No. 1, January 2007.

[117] Julong Deng, "Introduction to Grey Mathematical Resources", *Journal of Grey System*, Vol. 20, No. 3, September 2008.

[118] Diyar Akay and Osman Kulak, "Evaluation of Product Design Concepts Using Grey-Fuzzy Information Axiom", *Journal of Grey System*, Vol. 9, No. 3, September 2007.

[119] Keith Hipel, Marc Kilgour, Liping Fang and Xiaoyong Peng, "Strategic Decision Support for the Services Industry", *IEEE Transactions on Engineering Management*, Vol. 48, No. 3, August 2001.

[120] Keith Hipel and Sean Bernath Walker, "Conflict Analysis in Environmental Management", *Environmetrics*, Vol. 22, No. 3, June 2011.

[121] Marc Kilgour, Keith Hipel and Liping Fang, "The Graph Model for Conflicts", *Automatics*, Vol. 23, No. 1, January 1987.

[122] KevinLi, Marc Kilgour and Keith Hipel, "Status Quo Analysis in the Graph Model for Conflict Resolution", *Journal of the Operational Research Society*, Vol. 56, No. 6, November 2005.

[123] Amer Obeidi, Keith Hipel and Marc Kilgour, "Canadian Bulk Water Exports: Analyzing the Sun Belt Conflict using The Graph Model for Conflict Resolution", *Knowledge, Technology, and Policy*, Vol. 14, No. 1, November 2002.

[124] Sean Bernath Walker, Terry Boutilier and Keith Hipel, "Systems Management Study of a Private Brownfield Renovation", *Journal of Urban Planning and Development*, Vol. 20, No. 4, December 2010.

[125] Lizhong Wang, Liping Fang and Keith Hipel, "Negotiation Over Costs and Benefits in Brownfield Redevelopment", *Group Decision and Negotiation*, Vol. 20, No. 4, October 2010.

[126] Haiyan Xu, Kevin Li andKeith Hipel, "A Matrix Approach to Status Quo Analysis in the Graph Model for Conflict Resolution", *Applied*

Mathematics and Computation, Vol. 212, No. 2, June 2009.

[127] Saied Yousefi, Keith Hipel and Tarek Hegazy, "Attitude-Based Strategic Negotiation for Conflict Management in Construction Projects", *Project Management Journal*, Vol. 41, No. 4, July 2011.

[128] AmyAmes, Nick Mattucci and Sati MacDonald, "Quality Loss Functions for Optimization Across Multiple Response Surfaces", *Journal of Quality Technology*, Vol. 29, No. 3, March 1997.

[129] Ming-Hsien Caleb Li, "Quality Loss Functions for the Measurement of Service Quality", *International Journal of Advanced Manufacturing Technology*, Vol. 21, No. 1, July 2003.

[130] Chung-Ho Chen and Min-Tsai Lai, "Determining the Optimum Process Mean based on Quadratic Quality Loss Function and Rectifying Inspection Plan", *European Journal of Operational Research*, Vol. 182, No. 2, October 2007.

[131] Wei Ning Pi and Chinyao Low, "Supplier evaluation and selection via Taguchi loss functions and an AHP", *International Journal of Advanced Manufacturing Technology*, Vol. 27, No. 5—6, February 2006.

[132] Roger Filliger and Max Hongler, "Cooperative Flow Dynamics in Production Lines with Buffer Level Dependent Production Rates", *European Journal of Operational Research*, Vol. 167, No. 1, November 2005.

[133] Satya Chakravorty and Brian Atwater, "The Impact of Free Goods on The Performance of Drum-Buffer-Rope Scheduling Systems", *International Journal of Production Economics*, Vol. 95, No. 3, March 2005.

[134] Michael Manitz, "Queueing-Model based Analysis of Assembly Lines with Finite Buffers and General Service Times", *Computers*

& *Operations Research*, Vol. 35, No. 8, August 2008.

[135] Timd Dimitrakosa and Edge Kyriakidis, "A Semi-Markov Decision Algorithm for The Maintenance of a Production System with Buffer Capacity and Continuous Repair Times", *International Journal of Production Economics*, Vol. 111, No. 2, February 2008.

[136] Romulo Zequeira and Jose Valdes and Christophe Berenguer, "Optimal Buffer Inventory and Opportunistic Preventive Maintenance Under Random Production Capacity Availability", *International Journal of Production Economics*, Vol. 111, No. 2, February 2008.

[137] Timd Dimitrakosa and Edge Kyriakidis, "Optimal Maintenance of Two Stochastically Deteriorating Machines with an Intermediate Buffer", *European Journal of Operational Research*, Vol. 207, No. 1, November 2010.

[138] Nabil Nahas, Daoud Ait-Kadi and Mustapha Nourelfath, "A New Approach for Buffer Allocation in Unreliable Production Lines", *International Journal of Production Economics*, Vol. 103, No. 2, October 2006.

[139] Victor Yaurima, Larisa Burtseva and Andrei Tchernykh, "A Tchernykh. Hybrid Flowshop with Unrelated Machines, Sequence-Dependent Setup Time, Availability Constraints and Limited Buffers", *Computers & Industrial Engineering*, Vol. 56, No. 4, October 2006.

[140] Daria Battini, Alessandro Persona and Alberto Regattieri, "Buffer Size Design Linked to Reliability Performance: A Simulative Study", *Computers & Industrial Engineering*, Vol. 56, No. 4, May 2009.

[141] José Faria, Manuel Matos and Eusébio Nunes, "Optimal Design of Work-In-Process Buffers", *International Journal of Production Economics*, Vol. 99, No. 1—2, January 2009.

[142] Hidehiko Yamamoto, aber Abu Qudeiri and Etsuo Marui, "Defi-

nition of FTL With Bypass Lines and its Simulator for Buffer Size Decision", *International Journal of Production Economics*, Vol. 112, No. 1, March 2008.

[143] Chuan Shi and Stanley Gershwin, "An Efficient Buffer Design Algorithm for Production Line Profit Maximization", *International Journal of Production Economics*, Vol. 112, No. 2, December 2009.

[144] Timd Dimitrakosa and Edge Kyriakidis, "Optimal Preventive Maintenance of a Production System with an Intermediate Buffer", *European Journal of Operational Research*, Vol. 168, No. 1, January 2006.

[145] Wen-Hsien Tsai and Lopin Kuo, "Operating Costs and Capacity in the Airline Industry", *Journal of Air Transport Management*, Vol. 10, No. 4, July 2004.

[146] SartyBordoloi and Hiper Guerrero, "Design for Control: A New Perspective On Process", *International Journal of Production Economics*, Vol. 113, No. 4, May 2008.

[147] Nien-Lin Hsueh, Peng-HuaChu and William Chu, "A Quantitative Approach for Evaluating the Quality of Design Patterns", *Journal of Systems and Software*, Vol. 81, No. 8, August 2008.

[148] Brian Fynes and Seán De Búrca, "The Effects of Design Quality on Quality Performance", *International Journal of Production Economics*, Vol. 96, No. 5, April 2005.

[149] Ful-Chiang Wu, "Robust Design of Nonlinear Multiple Dynamic Quality Characteristics", *Computers & Industrial Engineering*, Vol. 56, No. 2, May 2008.

[150] Ertugrul Karsak, "Fuzzy Multiple Objective Programming Framework to Prioritize Design Requirements in Quality Function Deployment", *Computers & Industrial Engineering*, Vol. 47, No. 11, November 2004.

后　记

　　时光飞逝，转眼间我已迈入而立之年。在感触白驹过隙的同时，看着自己即将完成的拙作，心中无比惆怅；忆起在南京和加拿大刻苦钻研的日子，心中又备感充实。科学研究没有捷径，论文成果非一日之功。我深知"路漫漫其修远兮，吾将上下而求索"的求知道理，也谨记了"莫等闲，白了少年头，空悲切"的警世恒言。

　　本书是在笔者的博士论文基础上撰写而成，本书的出版得到了浙江省哲学社会科学发展规划小组的大力支持，同时也是2013年度浙江省哲学社会科学规划后期资助课题（13HQZZ003）。在研究过程中，得到了国家社科重点项目（12AZD102）的资助；毕业后取得的科研成果得到了教育部人文社会科学研究青年项目（13YJC630103）、国家自然科学基金项目（71301149）、浙江省自然科学基金青年基金项目（LQ13G010006）、杭州电子科技大学浙江省高校人文社科重点研究基地（ZD03-2013ZB1）的资助。

　　在漫长的研究过程中，诚挚地感谢恩师方志耕教授。正是方老师多年来悉心的培养和孜孜不倦的教诲，引我入学术之门，示我以研究通途。从确定研究方向、论文选题、技术难点攻关到论文最后定稿，其中每个环节都倾注了方老师大量心血和无限关爱。方老师充沛的精力、对学术无限的热爱、对新知识勇于探索的精神、发散性的学术思维、渊博的知识储备、严谨的科学态度以及诲人不倦的教学理念，是我一生勤奋学习和努力工作的榜样。

真诚地感谢南京航空航天大学经济与管理学院的刘思峰教授、朱建军教授、党耀国教授等老师给予本书的宝贵意见。根据导师方志耕教授及各位专家的批评、指正，本书历经多次修改和完善，终于完成终稿。在此，我对各位专家的指导表示由衷的感谢。你们的宝贵意见不仅对本书的完善有直接指导意义，也将对今后的研究产生深远的积极影响！

本书的出版得到了中国社会科学出版社的编校人员的大力支持和帮助。在此特向他们表示感谢。

刘远

2015 年 5 月 1 日